MINIMUS SECUNDUS

Desenvolvendo o Latim

LIVRO DO PROFESSOR

Barbara Bell

Ilustrações de **Helen Forte**

Tradução de **Fábia Alvim Leite**

2ª impressão

Copyright © Cambridge University Press 2004
Copyright da edição brasileira © 2017 Editora Filocalia
Título original: *Minimus Secundus: Moving on in Latin (Teacher's Resource Book).*

Editor
Edson Manoel de Oliveira Filho

Produção editorial
Editora Filocalia

Capa e projeto gráfico
Angela Ashton

Revisão
Felipe Augusto Neves Silva
Jane Pessoa

Reservados todos os direitos desta obra. Proibida toda e qualquer reprodução desta edição por qualquer meio ou forma, seja ela eletrônica ou mecânica, fotocópia, gravação ou qualquer outro meio de reprodução, sem permissão expressa do editor.

CIP-BRASIL. CATALOGAÇÃO NA PUBLICAÇÃO
SINDICATO NACIONAL DOS EDITORES DE LIVROS, RJ

B381m

    Bell, Barbara
      Minimus : desenvolvendo o latim, livro do professor / Barbara Bell ; Ilustrações de Helen Forte ; Tradução de Fábia Alvim Leite. -- 1. ed. -- São Paulo : Filocalia, 2017.
      96 p. : il. ; 27 cm.

      Tradução de: Minimus secundus: moving on in latin (teacher' s resource book).
      ISBN: 978-85-69677-15-4

      1. Língua latina - Estudo e ensino. I. Forte, Helen. II. Leite, Fábia Alvim. III. Título.

17-40216   CDD: 478
                       CDU: 811.124

09/03/2017   10/03/2017

Editora Filocalia Ltda.
Rua França Pinto, 509 · São Paulo SP · 04016-032 Telefone: (5511) 5572 5363
atendimento@filocalia.com.br · www.editorafilocalia.com.br

Este livro foi impresso pela Assahi Gráfica em janeiro de 2024.
Os tipos usados são da família Scala Sans, Palatino, Tempus e Comic Sans.
O papel do miolo é o Offset 120 g, e o da capa cartão Triplex 250 g.

Conteúdo

	INTRODUÇÃO	4
1	IULIUS: ÚLTIMOS DIAS EM VINDOLANDA	7
2	AUGUSTUS: IULIUS SE JUNTA AO EXÉRCITO	10
3	SEPTEMBER: PÉ NA ESTRADA	14
4	OCTOBER: VIDA NOVA EM EBORACUM	17
5	NOVEMBER: NOVIDADES POR PERTO, NOTÍCIAS DE LONGE	19
6	DECEMBER: TEMPO DE COMEMORAR!	22
7	IANUARIUS: RECOMEÇOS	26
8	FEBRUARIUS: É A VEZ DO GREGO	29
9	MARTIUS: DIAS MARAVILHOSOS!	32
10	APRILIS: IDAS E VINDAS	36
11	MAIUS: MADEIRA VIRANDO PEDRA	39
12	IUNIUS: TUDO MUDA PARA PANDORA	42

Folhas de atividades para xerocar

Folhas de vocabulário para xerocar
(Palavras para lembrar)

Introdução

Minimus Secundus foi desenvolvido como uma continuação do *Minimus: Conhecendo o Latim*, publicado originalmente em 1999 pela Cambridge University Press e, no Brasil, pela editora Filocalia, em 2015. Quem já conhece o primeiro volume estará familiarizado com os principais personagens: uma família romana que viveu, de fato, em Vindolanda. Boa parte desta introdução destina-se a professores que não usaram o *Minimus* anteriormente e àqueles para quem o ratinho divertido – ou mesmo o latim – talvez seja uma novidade.

Não é necessário ser um estudioso dos clássicos para usar esses dois livros; o *Minimus* pode ser usado por alguém que nunca aprendeu latim e deseja aprender junto com seus alunos. Pensando nisso, todas as passagens em latim aparecem traduzidas, e as respostas de todos os exercícios são dadas neste livro do professor.

Caso algum leitor do *Minimus* deseje maiores detalhes sobre o ensino do latim no Brasil, pode entrar em contato com a idealizadora do projeto "Minimus", desenvolvido em São Paulo, e professora da Universidade de São Paulo, Paula Corrêa: correa@usp.br.

As atividades descritas neste manual do professor são apenas sugestões; o quanto você poderá aproveitar delas dependerá da idade e da habilidade de seus alunos e do tempo disponível para as aulas. O conteúdo principal de cada capítulo é:

- as histórias em quadrinhos;
- a seção Descubra a Gramática;
- o vocabulário a ser aprendido (listado neste livro do professor).

Minimus Secundus é um material ideal para crianças entre 10 e 13 anos, aproximadamente.

Informações Contextuais

No *Minimus*, os alunos acompanharam as aventuras de uma família que realmente viveu num acampamento romano em Vindolanda (que fica perto da Muralha de Adriano) no século II d.C.

Nós sabemos da existência da família por causa das famosas "Placas de Vindolanda". Muitas dessas placas estão atualmente no Museu Britânico, em Londres. Em 2002, elas foram eleitas o mais importante tesouro do acervo desse museu. O pai dessa família é Flavius Cerialis, o comandante do acampamento. Ele comandou o nono grupo dos batavos (holandeses). Sua esposa é Sulpicia Lepidina, e sabemos que eles tiveram três filhos. Os nomes e as idades das crianças não são conhecidos, mas no primeiro volume elas foram apresentadas como tendo, aproximadamente, três, treze e dezesseis anos. A família tinha três escravos: o grego Corinthus, o celta Candidus e a charmosa escrava local, Pandora. Outros membros importantes do grupo são Minimus, o ratinho da família (criado por nós), e sua arqui-inimiga, a gata Vibrissa.

No *Minimus Secundus*, passaram-se cinco anos. Estamos no verão do ano 105 d.C. Flavius Cerialis (conhecido simplesmente como Flavius) está há seis anos no comando do acampamento, ou seja, pela segunda vez – o que não era comum. Agora ele tem 45 anos e está deixando o Exército romano. Flavius aceitou um posto no serviço civil do império em Eboracum (a atual cidade de York, na Inglaterra). Sua esposa Lepidina, agora com 37 anos, e seu filho mais novo, Rufus, agora com oito, vão acompanhá-lo até Eboracum.

Os três escravos da família também vão com eles. O garoto mais velho, Iulius, agora tem dezoito anos e pode se juntar ao Exército romano. Iulius partirá para Dácia (a atual Romênia), a fim de servir, sob o comando de Trajano, na Segunda Guerra Dácia. A filha deles, Flavia, agora tem 21 anos e está casada com o comandante em Cataractonium (a atual cidade de Catterick, também na Inglaterra). Vibrissa agora é uma gata muito mais velha e preguiçosa do que no primeiro volume, mas Minimus é um super-rato que já viveu muito mais do que qualquer um poderia esperar...

Objetivos Gerais deste Livro

1 Fazer com que os alunos entendam mais sobre como era a vida na Grã-Bretanha na época dos

romanos, acompanhando as aventuras dessa família. Os dois primeiros capítulos estão focados nos últimos momentos da família em Vindolanda. O capítulo 3 trata da mudança deles para York, e os demais capítulos falam sobre sua nova vida na cidade. Os doze capítulos seguem os doze meses do ano.

2 Ajudar os alunos a desenvolver o latim. No *Minimus Secundus*, eles vão encontrar as primeiras formas verbais no passado (como o pretérito imperfeito *portabam*, que significa "eu carregava"), além de outras formas verbais. A declinação dos casos ainda está limitada ao nominativo e ao acusativo. É bom lembrar, ainda, que o estudo do latim facilita o aprendizado de algumas línguas modernas.

3 Auxiliar os estudantes no aprendizado da gramática do português por meio do ensino do latim – que é o objetivo dos dois volumes do *Minimus*. Por isso, o trabalho com as classes gramaticais, os vocábulos semelhantes, as relações com outras línguas, as derivações, os prefixos e os sufixos deve ser integrado a todas as lições do *Minimus*. Uma enorme parcela das palavras que usamos em português tem origem no latim ou no grego clássico; então os alunos vão logo perceber a utilidade do latim na compreensão do português.

4 Divertir os alunos, acima de tudo, na medida em que eles se identificam com os personagens e acompanham suas aventuras. Há também muitas oportunidades para atividades interdisciplinares. É importante que se encontre tempo para algumas delas.

Estrutura do Curso

Cada capítulo contém os seguintes elementos:

HISTÓRIA EM QUADRINHOS

Ela introduz o assunto que será trabalhado no capítulo em relação à linguagem.

PALAVRAS PARA AJUDAR

Esta seção lista o vocabulário desconhecido da história em quadrinhos. As palavras estão organizadas de acordo com as classes gramaticais. Os alunos podem levar um tempo para se acostumar com essa divisão, mas os benefícios a longo prazo, de compreender o conceito das classes gramaticais, vai compensar em muito qualquer demora inicial para se encontrar a palavra certa. Optou-se por não explicar o sentido de toda palavra nova que aparece na lição. Antes de procurarem, no glossário no final do livro, as palavras desconhecidas, os alunos devem ser orientados a tentar descobrir seu significado a partir do contexto.

DESCUBRA A GRAMÁTICA

Esta seção introduz e explica conceitos gramaticais. Ela geralmente aparece seguida por atividades de fixação.

NOTÍCIAS DE ROMA

Esta seção contém informações sobre a vida romana. Ela normalmente aparece seguida por pontos a serem discutidos. As ilustrações e as fotografias oferecem muitas oportunidades para um diálogo proveitoso.

RAÍZES LATINAS

Esta seção chama a atenção para o quanto o português é próximo do latim.

MITOLOGIA

Esta seção contém um mito ou uma história que são contados em português.

PALAVRAS PARA LEMBRAR

Esta seção reforça o vocabulário principal do capítulo. No *Minimus Secundus*, há fichas com as palavras para lembrar de cada um dos capítulos no final deste livro do professor.

Leitura em Voz Alta

Se houver tempo, seria ótimo que os alunos lessem o latim em voz alta. Aqui estão algumas dicas da pronúncia latina:

- Não há nenhuma letra muda em latim. Todas as letras devem ser pronunciadas;
- A letra J não existia no alfabeto latino. Então, na família o filho chama-se *Iulius*, com "i" no início;
- Há evidências de que os romanos do começo do século II d.C. pronunciavam a letra V como U. Então, o nome da gata é *Uibrissa*, com "u" no início;
- Os romanos pronunciavam ambas as letras nas consoantes duplas. Então, o S duplo no nome da gata deve ser *Uibrissa*, com um som de "s" mais prolongado;

- A letra C é sempre pronunciada como K, e nunca como S. Por exemplo, como na palavra *casa*.

Vocabulário

A maior dificuldade dos alunos pode ser lembrar o vocabulário de uma aula para a outra, especialmente se eles não têm lição de casa obrigatória. Abaixo seguem algumas sugestões para auxiliar no aprendizado do vocabulário:

- Os professores devem frisar que os alunos não precisam decorar toda palavra que encontram. As mais importantes estão listadas no final de cada capítulo, na seção Palavras para Lembrar, e reunidas no final deste livro do professor;

- A revisão dessas palavras, em cada uma das lições, ainda que de maneiras diferentes, será muito útil para os alunos;

- A listagem, em um caderno, das palavras mais importantes pode ser muito útil, embora tome muito tempo;

- O destaque de palavras em português derivadas do latim ajuda a reforçar o aprendizado das mais importantes;

- A escolha de uma nova palavra em português preferida pela turma pode ser feita a cada semana. Essa palavra pode, então, ser escrita e colocada em um lugar de destaque na sala, juntamente com a palavra latina da qual ela deriva;

- As próprias histórias em quadrinhos podem levar à ideia da dramatização. Os alunos sempre gostam de atividades teatrais, que podem variar da simples leitura em voz alta, feita em latim na sala de aula, até uma produção mais elaborada para ser apresentada, por exemplo, aos pais dos alunos. As crianças se divertem aprendendo suas falas e nunca mais esquecem as palavras aprendidas;

- Os professores devem encorajar seus alunos a relacionar o que aprendem em latim com alguma língua moderna que por acaso estejam estudando ao mesmo tempo;

- Os alunos devem ser estimulados a se dividirem em duplas para aprenderem o vocabulário, pois pode ser mais confortável para eles ser testados por colegas. Amigos ou interlocutores mais velhos também podem ajudar nesse processo;

- Alguns alunos podem achar útil criar melodias ou paródias de músicas para aprender palavras novas;

- "Devagar e sempre" é um bom princípio para aprender o vocabulário: divida longas listas de palavras novas em seções menores – é mais fácil aprender aos poucos;

- Professores e alunos juntos podem dispor pela sala de aula cartazes com itens de vocabulário, organizados por tema, como palavras relacionadas a família, comida ou animais. Isso pode se mostrar muito eficaz;

- Há um glossário de palavras em latim no final do livro do aluno. Os alunos terão de ser ensinados sobre como utilizá-lo. Deve-se explicar, por exemplo, que os substantivos estão listados com indicação de gênero, que os adjetivos aparecem nos três gêneros, e que os verbos são listados na primeira pessoa do presente do indicativo, seguida da forma infinitiva.

Lição de Casa

Minimus tem sido utilizado em muitas e diferentes circunstâncias ao redor do mundo. Em alguns lugares, o ensino de latim é mais formal e as aulas têm uma frequência rígida; em outros, o latim é ensinado por voluntários que têm pouco tempo para se dedicarem às aulas. Logo, não faria sentido determinar precisamente como seria a lição de casa, mas seguem algumas sugestões:

- As folhas de atividades para xerocar, no final deste livro do professor, oferecem valiosas atividades de fixação. Mesmo que elas sejam apresentadas como atividades opcionais, muitos alunos gostam de realizá-las;

- Os alunos adoram competições. Disputas envolvendo arte, redação, teatro, leitura em latim, por exemplo, são divertidas para os alunos e também ajudam na aprendizagem.

Uso das Folhas de Atividades

As folhas de atividades para xerocar foram desenvolvidas para um uso flexível; não há um único modo correto de utilizá-las. A maneira de usá-las vai depender da idade e das habilidades dos alunos. Por exemplo, na folha de atividades IX (Cidades da Bretanha Romana), os alunos mais novos vão precisar de ajuda para fazer as correspondências, enquanto os mais velhos serão capazes de fazer isso sozinhos.

1 Iulius
Últimos Dias em Vindolanda

- **Assunto:** a família se prepara para deixar Vindolanda
- **Conteúdo de gramática:** revisão da gramática do *Minimus* – verbos no presente, sujeito e objeto
- **Material:** folhas de atividades de I à IV

História em Quadrinhos

UMA OCASIÃO ESPECIAL (p.6-7)

1. Lepidina e Iulius assistem ao desfile.
   - *Lepidina*: O desfile está se aproximando. O desfile é maravilhoso!
   - *Iulius*: Sim!
2. Pandora chama Rufus.
   - *Pandora*: Rufus, olhe o cavalo!
   - *Rufus*: O cavalo é esplêndido! Nossa!
3. Rufus chama Corinthus.
   - *Rufus*: Veja! O papai está cavalgando.
   - *Corinthus*: Sim. O cavalo é especial!
4. Corinthus chama Candidus.
   - *Corinthus*: Candidus, Flavius está cavalgando.
   - *Candidus*: O cavalo é magnífico!
5. Os soldados estão se aproximando. Alguns marcham, outros cavalgam.
6. *Soldados*: Nossa! Flavius é o melhor comandante.
7. Minimus e Vibrissa estão dormindo.
8. De repente, eles escutam o barulho.
   - *Minimus e Vibrissa*: P-po-por que todo mundo está animado?
   - Então Rufus explica a situação.
9. Minimus observa o desfile. Vibrissa observa Minimus.
   - *Minimus e Vibrissa*: Nossa! Nós estamos felizes!
10. *Todos*: Adeus! Obrigado!

A ARTE DA TRADUÇÃO

Os alunos devem estar preparados para o fato de que traduzir é uma tarefa delicada; raramente existe uma tradução perfeita para qualquer palavra ou frase latina. Os alunos devem ser estimulados a serem corajosos e inovadores, a escutarem as sugestões uns dos outros e a escolherem a tradução que lhes pareça mais apropriada ao contexto.

Um dos pontos importantes a serem frisados com os alunos é que o presente pode ser traduzido tanto pelo presente simples quanto por uma locução verbal com gerúndio; então a forma verbal *appropinquat* pode ser traduzida tanto por "ele se aproxima" quanto por "ele está se aproximando". Os alunos devem decidir o que soa melhor em cada ocasião. Essas traduções alternativas dos verbos no presente são fornecidas na seção Palavras para Ajudar do capítulo 1; daí em diante apenas o presente simples é apresentado.

DESCUBRA A GRAMÁTICA

1. Ele, ela cavalga / está cavalgando
2. Eles se aproximam / estão se aproximando
3. Eu chamo / estou chamando
4. Nós cavalgamos / estamos cavalgando
5. Ele, ela observa / está observando
6. Eu cavalgo / estou cavalgando
7. Vocês se aproximam / estão se aproximando
8. Vocês observam / estão observando
9. Eles cavalgam / estão cavalgando
10. Você chama / está chamando
11. Nós assistimos / estamos assistindo
12. Você se aproxima / está se aproximando

RAÍZES LATINAS

1. <u>equestres</u>, de *equus*, cavalo em latim; *equito*, eu cavalgo. Relativo a cavalos.
2. <u>Vocais</u>, de *voco*, eu chamo; *vox*, a voz. Relativo a voz.
3. <u>Espectadores</u>, de *specto*, eu olho. Pessoas que olham.
4. <u>Militar</u>, de *milites*, soldados. Relativo a soldado.

5 Audiovisuais, de *audio*, eu *escuto*, e *video*, eu vejo. Aquilo que serve para ser ouvido e visto.

Notícias de Roma

A fotografia mostra um enfeite que os cavalos usavam na cabeça em ocasiões especiais. A peça da foto está no museu de Vindolanda. Trata-se de uma reconstituição do original feita por arqueólogos a partir de pedaços de couro da época.

História em Quadrinhos

UM TRABALHO IMPORTANTE (p.10)

❶ *Flavius*: Soldados, peguem alguns galhos!
❷ Os soldados correm para a floresta. Os soldados cortam alguns galhos.
❸ Os soldados fazem uma fogueira.
❹ Os soldados jogam as tabuletas na fogueira.
Soldado 1: Por que estamos fazendo isso?
Soldado 2: Não sei!
❺ As escravas carregam gordura quente e jogam na fogueira.
❻ Os soldados esfregam pedrinhas. De repente, a fogueira se acende e as tabuletas se queimam.
❼ Todos estão observando as chamas. Rufus se aproxima da fogueira.
❽ *Pandora*: Rufus, não toque! Venha aqui! Rufus chora.

 DESCUBRA A GRAMÁTICA

Dependendo da idade e da habilidade dos alunos, você pode optar por utilizar os termos **acusativo** e **nominativo**. Se os alunos ainda não estiverem familiarizados com esses termos, você pode introduzi-los da seguinte maneira:

Existem termos específicos para descrever as diversas funções que as palavras podem exercer na frase em latim: trata-se dos **casos**.

O **caso nominativo** é utilizado para o sujeito. Então na frase **a** dizemos que a fogueira (*rogus*) está no caso nominativo.

O **caso acusativo** é utilizado para o objeto. Então na frase **b** a fogueira está no caso acusativo e sua terminação varia por conta disso (*rogum*).

1 Pandora (s) <u>chama</u> Rufus (o).
2 Lepidina (s) <u>observa</u> o desfile (o).
3 Minimus (s) <u>escuta</u> o barulho (o).
4 Iulius (s) <u>explica</u> a situação (o).
5 Vibrissa (s) <u>observa</u> Minimus (o).
6 Todos (s) <u>observam</u> as chamas (o).
7 Os soldados (s) <u>jogam</u> as tabuletas (o).

 PALAVRAS PARA LEMBRAR

SUBSTANTIVOS

equus (m): cavalo

milites (m pl): soldados

pompa (f): desfile

VERBOS

appropinquat: ele se aproxima / está se aproximando

audit: ele escuta / está escutando

vocat: ele chama / está chamando

ADJETIVOS

laetus: feliz

optimus: excelente / o melhor

ADVÉRBIOS

subito: de repente

tum: então

INTERJEIÇÕES

ecce!: Veja! / Olha!

eheu!: Céus!

euge!: Nossa!

EXPRESSÕES

alii... alii...: alguns... outros...

ita vero: sim

Mito Grego

De acordo com a lenda, Belerofonte ficou gravemente ferido com sua queda e saiu peregrinando pelo mundo.

Atividades Sugeridas

ARTE

- Desenhar o Pegasus;
- Desenhar a fogueira, com os soldados destruindo as tabuletas;

- Fazer uma Quimera de pape-cartão com fogo saindo de sua boca (que tal fazer o fogo com papel crepom vermelho?).

PORTUGUÊS

- Escrever um acróstico com a palavra Quimera;
- Escolher dois personagens (por exemplo, Lepidina e Rufus, Flavius e Rufus, Flavius e Minimus) e descrever o desfile a partir do ponto de vista de cada um;
- Discutir os diferentes tipos de evidência de vida em Vindolanda (prédios, artefatos, tabuletas, inscrições). Você pode pensar em outros elementos que às vezes podem ser encontrados em sítios arqueológicos, que nos ajudam a entender e datar os acontecimentos de outras épocas (por exemplo, moedas e cerâmica)?

ARQUEOLOGIA

- Fazer uma lista de dez objetos que você escolheria para enterrar, que refletissem nossa sociedade e que os arqueólogos pudessem desenterrar daqui a cem anos (por exemplo, celulares, laptops, caixas de pizza, a boneca Barbie, uma bola de futebol, algumas moedas). Comparar as anotações dos alunos e fazer uma compilação com a lista dos dez itens mais citados pela classe. Fazer, então, um grande cartaz para ilustrar os itens dessa "cápsula do tempo".
- Fazer uma lista mais pessoal de dez objetos que você escolheria para refletir seus interesses particulares e seu estilo de vida (os professores podem fazer isso também!). Isso pode render muita discussão e troca de ideias na classe.

COTIDIANO

- Discutir assuntos sobre saúde e segurança, como o fogo. Na segunda história em quadrinhos, as mulheres jogam gordura quente no fogo para alimentá-lo. Discutir sobre o que *não* se deve colocar no fogo e sobre como abafar as chamas.

Respostas das Folhas de Atividades

FOLHA DE ATIVIDADES I

Da esquerda para a direita, os membros da família de Flavius são: Corinthus, Candidus, Flavius, Lepidina, Iulius, Pandora, Flavia, Gaius (na fileira de trás); Rufus, Minimus, Vibrissa (na fileira da frente).

FOLHA DE ATIVIDADES III

Praticando o Tempo Presente

1. Ele, ela rói / está roendo
2. Nós mugimos / estamos mugindo
3. Vocês rastejam / estão rastejando
4. Ele, ela pisa / está pisando
5. Eles, elas roncam / estão roncando
6. Eles, elas roem / estão roendo
7. Você pisa / está pisando
8. Você gagueja / está gaguejando
9. Nós gaguejamos / estamos gaguejando
10. Eu rastejo / estou rastejando
11. Eu estou mugindo
12. Você ronca / está roncando

Praticando o Verbo Sum

1. *sumus*
2. *est*
3. *sum*
4. *es*
5. *sunt*
6. *estis*
7. *Flavius sum*
8. *Pandora es*
9. *Minimus et Vibrissa sumus*
10. *milites sunt*
11. *Candidus et Corinthus estis*
12. *Lepidina est*

2 Augustus
Iulius Se Junta ao Exército

- **Assunto:** O Exército romano; o imperador Trajano
- **Conteúdo de gramática:** gêneros; adjetivos; advérbios
- **Material:** folhas de atividades de V a VIII

História em Quadrinhos

FINALMENTE, SOLDADO! (p.13-14)

① *Iulius:* Agora eu sou um soldado romano. Estou muito feliz!
Rufus: Por que você está tão feliz, Iulius?
Iulius: Porque as legiões romanas são muito famosas.

② *Rufus:* Por que as legiões romanas são muito famosas?
Iulius: Porque os soldados romanos sempre vencem.

③ *Iulius:* Agora vou para Dácia.
Rufus: Por que você está indo para Dácia?
Iulius: Porque Trajano está fazendo uma guerra lá.

④ *Rufus:* Quem é Trajano?
Iulius: Ele é o imperador romano, claro!
Flavius: Sim. Trajano é um ótimo imperador.

⑤ *Rufus:* Onde fica a Dácia?
Iulius: Dácia fica além do mar, perto da Germânia.

⑥ (Mapa.)

⑦ *Rufus:* Puxa! É uma longa viagem. O que os soldados estão fazendo lá?

⑧ *Flavius:* Os soldados estão construindo uma ponte lá.

⑨ *Rufus:* Mas a guerra é perigosa. Estou preocupado.
Iulius: A guerra também é necessária.

⑩ *Flavius:* Não fique com medo, Rufus. A deusa Fortuna protege os soldados.

 DESCUBRA A GRAMÁTICA

Os adjetivos são palavras utilizadas para descrever substantivos (nomes). Em latim, os adjetivos que descrevem quantidade e tamanho geralmente aparecem antes dos substantivos que qualificam (por exemplo, *multi milites*). O imperador Trajano também recebeu um título em que o adjetivo aparece antes do substantivo: *optimus princeps* (*optimus* aparece antes de *princeps*). Nesse caso, não se trata de quantidade ou tamanho, mas, mesmo assim, o adjetivo veio antes. Quanto ao conceito de gênero, que também é estudado neste capítulo, é possível que a ideia de haver três gêneros precise de mais tempo para ser compreendida pelos alunos. De início, é importante explicar a eles que as ideias de substantivos masculinos e femininos, em latim, não correspondem a sexo masculino e sexo feminino.

1 As legiões são muito famosas.
legiones (substantivo), *notissimae* (adjetivo)

2 Os soldados romanos sempre vencem.
milites (substantivo), *Romani* (adjetivo)

3 Lepidina não está feliz.
Lepidina (substantivo [próprio]), *laeta* (adjetivo)

4 A guerra é perigosa.
bellum (substantivo), *periculosum* (adjetivo)

 RAÍZES LATINAS

1 <u>Notável</u>, de *notus*, famoso. Ele será muito famoso.

2 <u>Marina</u>, de *mare*, mar. Um lugar onde param os navios.

3 <u>Periculosidade</u>, de *periculosum*, perigoso. Relativo a perigo.

4 <u>Transatlântico</u>, de *trans*, através. Um voo através do Atlântico.

Informações Contextuais: O Imperador Trajano

O nome completo de Trajano era Marcus Ulpius Traianus, e ele foi imperador de 98 a 117 d.C. As informações que seguem, a respeito de Trajano, são conhecidas por meio dos relatos de Cassius Dio (historiador), Suetonius (biógrafo) e Plinius, que escreveu um longo panegírico (discurso público em louvor de alguém) para Trajano no ano 100 d.C. Além disso, quando Plinius foi enviado à província romana da Bitínia, para ajudar na administração, escrevia sempre que necessário a Trajano, o que era bem frequente. Plinius guarda sua correspondência com Trajano no Livro X de suas cartas.

Os alunos podem gostar de compor uma biografia de Trajano, usando as seguintes informações:

1   Os três nomes de Trajano mostram que ele era um cidadão romano, mas ele nasceu na Espanha, perto de Sevilha.

2   Ele foi o primeiro imperador não italiano.

3   Quando ele reuniu duas novas legiões para lutar na guerra em Dácia (Romênia), essas legiões foram nomeadas em homenagem a ele: Segunda Trajana e Trigésima Ulpiana (**II Traiana** e **XXX Ulpiana**).

4   Ele nasceu em 53 d.C.

5   Ele foi adotado pelo imperador Nerva, como seu filho e herdeiro.

6   Trajano era um homem modesto e cortês, muito respeitado pelo senado romano.

7   Ele era um líder popular entre os soldados. Vivia junto deles, comia com eles e despertava, neles, um interesse pessoal. Ele marchava à frente de seus homens e era um disciplinador severo.

8   Para relaxar, Trajano adorava ir à caça.

9   Ele dedicou-se com avidez à extensão das fronteiras do Império Romano (seu sucessor, Adriano, se concentrou na consolidação de territórios romanos já dominados pelo império). Foi sob o comando de Trajano que o Império Romano atingiu sua maior extensão.

10 Ano 101 d.C.: invadiu Dácia na Primeira Guerra Dácia.

11 Ano 105 d.C.: Segunda Guerra Dácia.

12 Construiu uma ponte sobre o rio Danúbio, o que representava um grande feito para a época.

13 Em Roma, ele comemorou suas grandes vitórias sobre os dácios com 123 dias de jogos e 10 mil gladiadores.

14 Dácia era uma região cheia de riquezas. Os espólios vindos de lá financiaram um extenso programa de construção em Roma, incluindo o Fórum de Trajano e a Coluna de Trajano.

15 Trajano também supervisionou a construção de um novo Porto em Óstia, na região costeira de Roma.

16 Ele dedicou-se a ajudar os pobres, por meio de um suporte financeiro chamado, em latim, de *alimenta*. Isso ajudou no auxílio às despesas com as crianças; ele ainda interveio no apoio a crianças vítimas de abuso.

17 Trajano casou-se com Pompeia Plotina, com quem não teve filhos.

18 Morreu no ano 117 d.C. na Ásia Menor, depois de um derrame.

19 Ele era chamado de *optimus princeps*; ele foi, certamente, um dos melhores imperadores romanos.

20 No ano 100 d.C., Plinius apresentou seu panergírico; ele deve ter levado por volta de seis horas para recitá-lo.

A Coluna de Trajano

O monumento, que fica em Roma, é outra evidência da vida de Trajano. Ela nos conta, também, muito sobre as atividades realizadas e os equipamentos usados pelos soldados romanos. Por outro lado, pode-se notar que Trajano patrocinou a construção da Coluna para mostra ao mundo uma boa imagem de si mesmo. No capítulo 5, Iulius escreve para casa contando sobre a Guerra Dácia em uma carta, numa versão levemente menos heroica. Os alunos devem ser encorajados a refletir sobre viés, perdas e distorções nas informações de fontes antigas que chegam até nós. Podem ser feitas comparações, por exemplo, com os jornalistas modernos. Trata-se de conceitos complexos, mas os alunos já podem começar a pensar na ideia de contar os mesmos fatos de pontos de vista diferentes.

Leia as seguintes informações, sobre a coluna:

1   Tem trinta metros de altura.

2   É composta por vinte blocos de mármore.

3   O friso espiral que aparece ao seu redor conta a história das duas guerras dácias.

4   No friso, aparecem 155 cenas independentes.

5   Há 2.500 figuras no friso.

6   No Museu Victoria and Albert, de Londres, há moldes do friso.

7   O tema é a grandiosidade da paz romana.

8   As batalhas ocupam apenas um quarto do friso.

9   Aparece apenas um soldado romano ferido!

10 Levou sete anos para ser esculpida.

11. Originalmente, havia uma estátua de Trajano no topo da coluna.
12. Essa estátua foi substituída por outra, de São Pedro, em 1588 d.C.
13. A coluna foi financiada com os tesouros das guerras dácias.
14. As cinzas de Trajano foram enterradas ao pé da coluna, numa urna dourada.
15. É possível subir na coluna pela parte de dentro.

História em Quadrinhos

A FAMÍLIA DIZ ADEUS (p.17-18)

1. Candidus faz um ótimo jantar. Todos jantam muito bem e tomam vinho.
2. Pandora canta docemente e dança com habilidade.
3. Corinthus escreve um pequeno livro.
   Corinthus: Iulius, tenho um presente para você.
4. *Iulius*: Obrigado, Corinthus. Neste livro há muitas fábulas romanas.
5. Rufus e Iulius lutam, brincando. Então eles riem.
6. Lepidina junta muitas roupas.
   Lepidina: Iulius, pegue estas roupas. É frio em Dácia.
7. Flavius mostra as armas. Iulius observa as armas de perto.
8. Iulius faz carinho em Vibrissa. Vibrissa ronrona gentilmente.
9. Minimus guincha e corre em volta de Iulius.
10. *Todos*: Adeus, Iulius!
    Lepidina: Deusa Fortuna, cuide do meu filho!
    Lepidina está chorando.

Mito Grego

Um rico relato sobre o encontro de Odisseu com as Sirenas pode ser encontrado no 12º livro da *Odisseia* de Homero (versos 39 a 55 e 165 a 200). Recomendamos a tradução da *Odisseia* da Editora 34, de Trajano Vieira. A edição é bilíngue, do ano de 2011.

 PALAVRAS PARA LEMBRAR

SUBSTANTIVOS

arma (n pl): armas
bellum (n): guerra
cena (f): jantar
imperator (m): imperador
legiones (f pl): legiões
mare (n): mar

VERBOS

aedifico: construo
habeo: tenho
supero: venço

PERGUNTAS

cur?: por quê?
quid?: o quê?
quis?: quem?
ubi?: onde?

CONJUNÇÕES

quod: porque
sed: mas

ADVÉRBIOS

nunc: agora
semper: sempre

Atividades Sugeridas

PORTUGUÊS

- Trabalho em duplas: um dos alunos será Traianus, o outro será Plinius. Eles devem criar um diálogo em que Plinius fale com Traianus depois de ele voltar de Dácia. No fim, os alunos devem apresentar o diálogo.
- Escrever uma carta para casa, como se fosse a de Iulius, descrevendo os perigos vividos em Dácia.
- Escrever um diário de Lepidina, no qual ela expresse seus medos em relação à segurança do filho, tanto durante a viagem quanto em Dácia.

ARTE

- Observar as imagens de Odisseu e as Sirenas no site do Minimus (www.minimus-etc.co.uk). Analisar cuidadosamente as imagens e tentar descobrir as diferentes partes da história.

GEOGRAFIA

- Usando um atlas, traçar a rota provável de Iulius desde Vindolanda até a Romênia. Discutir os meios de transporte daquela época.
- Em seguida, ver a folha de atividades V, em que há um mapa do Império Romano. Marcar

a rota, tentando descobrir por quais países Iulius pode ter passado. Estimar o tempo de duração provável da viagem. Descobrir, ainda, quanto poderia durar a mesma viagem hoje em dia, de avião.

PESQUISA

■ Pesquisar, na internet, sobre Trajano.

■ Dar a cada aluno (ou grupo de alunos) o nome de um imperador romano, da lista abaixo. Pedir que eles pesquisem datas e alguns detalhes sobre a época em que cada imperador comandava. Então, fazer uma linha do tempo com os nomes de todos os imperadores. Essa linha do tempo pode ser colocada na sala de aula.

31 a.C. – 14 d.C.	Augusto
14 – 37 d.C.	Tibério
37 – 41 d.C.	Calígula
41 – 54 d.C.	Cláudio
54 – 68 d.C.	Nero
68 – 69 d.C.	Galba
69 d.C.	Oto
69 d.C.	Vitélio
69 – 79 d.C.	Vespasiano
79 – 81 d.C.	Tito
81 – 96 d.C.	Domiciano
96 – 98 d.C.	Nerva
98 – 117 d.C.	Trajano
117 – 138 d.C.	Adriano
138 – 161 d.C.	Antonino Pio
161 – 180 d.C.	Marco Aurélio
180 – 192 d.C.	Cômodo
193 d.C.	Pertinaz
193 d.C.	Dídio Juliano
193 – 211 d.C.	Septímio Severo

Respostas das Folhas de Atividades

FOLHA DE ATIVIDADES V

Iulius deveria viajar pela estrada até o rio Humber. Um pequeno barco deveria, então, levá-lo até um grande navio no qual ele atravessaria o Mar do Norte. Chegando à Germânia, ele viajaria pela Europa, atravessando o continente até Dácia, evitando passar pelos Alpes. Ele provavelmente atravessaria muitas províncias romanas no caminho.

FOLHA DE ATIVIDADES VI

Na cena da Coluna de Trajano, dácios estão nadando no rio Danúbio, para tentar atacar um acampamento romano; os soldados romanos defendem seu acampamento.

FOLHA DE ATIVIDADES VII

A bolsa de Iulius:

1	sabonete	x
2	sardinhas em lata	x
3	panela	✓
4	cereais	✓
5	meias	✓
6	espada	✓
7	estacas de madeira	✓
8	celular	x
9	sal	✓
10	gorro de lã	✓
11	carta	✓
12	garrafa de água	✓
13	foto da família	x
14	frutas secas	✓
15	faca portátil	✓
16	chocolate	x

3 September
Pé na Estrada

- **Assunto:** viagem; saúde
- **Conteúdo de gramática:** infinitivos e verbos impessoais
- **Material:** folhas de atividades de IX a XII

História em Quadrinhos

UMA VIAGEM DIFÍCIL (p.20-21)

1. Toda a família está sentada, em silêncio. Está chovendo novamente.
2. A estrada está enlameada. A carroça avança lentamente.
3. Flavius: Cuidado! É perigoso. A estrada está escorregadia.
4. De repente a carroça cai em uma vala.
   Lepidina: Céus!
5. *Flavius*:   É preciso que vocês desçam da carroça.
   Toda a família desce.
6. *Flavius*:   É difícil para mim puxar a carroça para a frente. Candidus! Corinthus! Ajudem!
7. Finalmente a carroça está na estrada. A família sobe na carroça novamente.
   Lepidina: Oba!
8. Agora está trovejando. Rufus está apavorado.
   Pandora: Preciso cantar.
9. Está escurecendo. Finalmente eles chegam a Cataractonium.
10. Flavia e o marido, chamado Gaius, recebem a família.
    Flavia e Gaius: Entrem! Vocês são muito bem-vindos!

 DESCUBRA A GRAMÁTICA

1. Sempre chove na Bretanha.
2. Vibrissa diz: "Está chovendo novamente. Preciso correr".
3. Vibrissa diz: "Correr é difícil para mim, porque sou gorda".
4. Lepidina diz: "Rufus, está ficando tarde. Você precisa dormir".
5. Rufus diz: "Mas é difícil para mim dormir, porque não estou cansado".
6. Lepidina diz: "Está ficando escuro. Precisamos nos apressar".
7. Flavius diz: "Mas é difícil para nós nos apressarmos, porque a estrada está escorregadia".
8. Rufus diz: "Está trovejando novamente. Estou apavorado".
9. Pandora diz: "Rufus, não tenha medo! Eu preciso cantar".
10. Rufus diz: "Agora não está trovejando. Oba!"

NB *necesse est* deve ser traduzido, na primeira ocorrência, como "É preciso..".., para marcar a presença do infinitivo que aparece depois da expressão. Os alunos devem, porém, ser orientados quanto à tradução mais natural: "Preciso..".., "Tenho de..".

Os três verbos impessoais, na ordem em que aparecem, são: *pluit*, *advesperascit* e *tonat*.

Os cinco infinitivos, na ordem em que aparecem, são: *currere*, *dormire*, *festinare*, *timere* e *cantare*.

 RAÍZES LATINAS

1. Propulsor, de *propellere*, puxar para a frente. O que impulsiona o barco.
2. Sedentário, de *sedere*, estar sentado. Um trabalho que requer a posição sentada.

Informações Contextuais: Cataractonium

No primeiro volume do *Minimus*, a filha mais velha, Flavia (cujo nome deve-se ao de seu pai), tinha dezesseis anos. Agora ela tem 21 e está casada. Como sua família é importante, ela se casou com um comandante do forte de uma pequena cidade chamada Cataractonium (hoje em dia, a cidade se chama Catterick). Cataractonium aparece muitas vezes nas tabuletas de Vindolanda, como um centro de comércio.

Naquela época, Cataractonium consistia basicamente em um pequeno povoado ao redor do forte, às margens do rio Swale. No século segundo, uma *mansio* – hospedaria – foi construída. Ela possuía quartos para os viajantes, além de seu próprio balneário. Havia, ainda, lojas e um templo. Cataractonium, então, tornou-se mais importante e, no Museu de Yorkshire, em York, há alguns achados incríveis vindos de lá. É possível encontrar, por exemplo, algumas lindas pinturas em paredes, uma estatueta em bronze de Vulcano e um belo frasco de perfume esmaltado. Ainda que tais objetos sejam de uma época um pouco posterior àquela que os alunos estudam neste livro, é possível mostrar às crianças que Cataractonium se tornou uma cidade próspera.

História em Quadrinhos

FLAVIA NÃO ESTÁ BEM (p.24-25)

❶ *Gaius*: Sente-se, senhor. Você é muito bem-vindo.

❷ Candidus observa o jantar.
Corinthus: O jantar está excelente, não está?
Candidus: Não. O jantar está simples. Não tem pavão!

❸ Flavius e Lepidina comem o delicioso jantar. Mas Flavia não come nada.

❹ *Lepidina*: O que há, Flavia? Por que não está comendo a comida?
Flavia: É difícil para mim comer a comida.

❺ *Lepidina*: Por que é difícil?
Flavia: Porque eu vomito todos os dias.
Flavia sai rapidamente.

❻ Flavia volta para a sala de jantar.
Lepidina: Você está grávida!
Flavia: Sim! Eu estou grávida!

❼ *Flavius*: Oba! Escravos! Mais vinho! Preciso brindar. Parabéns!

❽ Lepidina observa Flavia.
Lepidina: Onde há uma boa parteira? Você precisa descansar.

❾ *Flavius*: Eu serei avô!
Lepidina: Eu serei avó!
Lepidina e Flavius estão felizes.

❿ Mas Lepidina está ansiosa.
Lepidina: Deusas mães, cuidem da minha filha!

(As deusas mães eram deusas celtas. Geralmente são representadas em trio nas esculturas romano-bretãs.)

Informações Contextuais: Gravidez

Um importante escritor da área da ginecologia no mundo romano foi um médico grego que viveu no século I d.C., chamado Sorano, que veio de Éfeso. Ele escreveu em torno de vinte livros, incluindo trabalhos sobre gramática e etimologia. Sua obra *A Arte da Cirurgia e da Ginecologia* estava entre as traduzidas para o latim, a partir do grego, na Idade Média. Suas teorias irão divertir e, algumas vezes, surpreender os estudantes por sua modernidade, como a sugestão de uso de uma cadeira obstétrica e da respiração adequada durante o parto. O que fica bem aparente é um enorme respeito às parteiras experientes. Os médicos, homens, tendiam a ser chamados apenas em partos difíceis.

Há mais informações a respeito dos partos na Roma Antiga no capítulo 7, quando Flavia dá à luz gêmeos – o que era absoluta surpresa naqueles tempos sem ultrassom.

 PALAVRAS PARA LEMBRAR

SUBSTANTIVO

via (f): estrada

ADVÉRBIOS

celeriter: rapidamente
cotidie: todos os dias
iterum: outra vez
lente: lentamente
tandem: finalmente

VERBOS

sedet: está sentado(a)

Verbos impessoais

advesperascit: está anoitecendo
pluit: está chovendo
tonat: está trovejando

Atividades Sugeridas

COTIDIANO

- Com alunos mais velhos, vale a pena discutir por que a gravidez de Flavia, naquele tempo, tinha mais riscos do que uma gravidez nos dias de hoje. Pode-se reforçar a importância dos cuidados pré-natais (chamando a atenção para a origem latina de "natal") e comparar com aqueles que vemos hoje em dia.

MATEMÁTICA

- A distância entre as cidades britânicas de Vindolanda e York é de aproximadamente 193 km. Catterick fica mais ou menos no meio do caminho. É possível praticar com os alunos, fazendo com que descubram o tempo de cada parte da viagem, considerando que a família viajava a uma velocidade de aproximadamente seis quilômetros por hora.

NB Uma das tabuletas de Vindolanda fala sobre como a estrada entre Vindolanda e Cataractonium era terrível!

PORTUGUÊS

- Os alunos podem escrever o diário de Flavia durante a gravidez.

- Discutir por que a viagem nas estradas era tão perigosa no tempo dos romanos (vale relembrar a discussão sobre os perigos das viagens marítimas, quando Iulius parte para Dácia). Aqui, algumas informações a serem consideradas: a ausência de mapas, a falta de iluminação pública, a pouca sinalização, o risco de marginais, etc.

ARTE

- Produzir uma grande colagem, em que cada aluno tenha desenhado um membro da família durante a viagem. Pode ser Flavius sobre o cavalo; Lepidina, Rufus, os três escravos e dois animais na carroça; a guarda armada, etc.

TEATRO

- Montar uma dramatização que mostre a viagem da família até Catterick.

LÍNGUAS

- A partir de discussão em sala, fazer um cartaz mostrando como se diz "está chovendo" em latim (além de outros fenômenos naturais, caso seja possível) e em outras línguas. Pode-se oferecer um prêmio para o melhor cartaz e criar um mural.

Respostas das folhas de atividades

FOLHA DE ATIVIDADES IX

1 **Vindolanda** agora é Chesterholm.
2 **Luguvalium** agora é Carlisle.
3 **Corstopitum** agora é Corbridge.
4 **Pons Aelius** agora é Newcastle upon Tyne.
5 **Cataractonium** agora é Catterick.
6 **Eboracum** agora é York.
7 **Deva** agora é Chester.
8 **Viroconium** agora é Wroxeter.
9 **Lindum** agora é Lincoln.
10 **Ratae** agora é Leicester.
11 **Glevum** agora é Gloucester.
12 **Corinium** agora é Cirencester.
13 **Isca Silurum** agora é Caerleon.
14 **Aquae Sulis** agora é Bath.
15 **Isca Dumnoriorum** agora é Exeter.
16 **Calleva** agora é Silchester.
17 **Verulamium** agora é St Albans.
18 **Londinium** agora é London.
19 **Camulodunum** agora é Colchester.
20 **Dubris** agora é Dover.

FOLHA DE ATIVIDADES X

As famílias de verbos são:
1 *dormio / dormire /* dormir / dorminhoco
2 *specto / spectare /* olhar / espectador
3 *canto / cantare /* cantar / cantoria
4 *consumo / consumere /* comer / consumidor
5 *custodio / custodire /* guardar / custódia
6 *curro / currere /* correr / corrente

FOLHA DE ATIVIDADES XII

1 *currus* (biga)
2 *asinus* (burro)
3 *equus* (cavalo)
4 *ambulo* (ando)
5 *lectica* (liteira)
6 *plaustrum* (carroça)

4 October
Vida Nova em Eboracum

- **Assunto:** a vida em uma cidade romana
- **Conteúdo de gramática:** pronomes
- **Material:** folhas de atividades de XIII a XVI

História em Quadrinhos

DESCOBRINDO EBORACUM (p. 27-28)

❶ *Rufus:* Quem é ele?
   Candidus: Veja! Barates está aqui! Ele é meu amigo. Barates é um vendedor de bandeiras.

❷ —

❸ *Rufus:* Quem é você? Você também é vendedor de bandeiras?
   Oleiro: Não! Eu sou oleiro.

❹ *Rufus:* O que é isso?
   Oleiro: Isto é uma olaria. Na olaria há potes e panelas.

❺ *Rufus:* Quem é você? Você também é oleiro?
   Ferreiro: Não! Eu sou ferreiro.

❻ *Rufus:* O que é isso?
   Ferreiro: Isto é uma forja. Veja! Há pregos e espadas.

❼ *Barates:* Na outra margem do rio há um grande celeiro. No celeiro há muito cereal.

❽ *Rufus:* É um celeiro enorme!
   Barates: Sim. Precisamos armazenar cereal.

❾ Há muitos navios no rio. A família observa os navios.

❿ *Barates:* Veja! Navios com jarros estão chegando da França.

 DESCUBRA A GRAMÁTICA

Flavius e Lepidina chegam à cidade de Eboracum. Esta é muito maior que Vindolanda. Eles veem Barates. Ele os leva até o rio. Ele lhes mostra o depósito. Eles o observam. Eles dizem: "Ele é muito grande e fica perto do rio". Então, eles olham os navios. Estes estão carregando objetos de diferentes países. Flavius diz: "Veja aqueles jarros nos navios". Lepidina diz: "Os jarros estão cheios de vinho da França e azeite da Espanha".

 RAÍZES LATINAS

As quatro primeiras palavras derivam do latim *multi*, que significa muitos. Já a última deriva de *maximus*, que significa muito grande.

Notícias de Roma: Eboracum

As lembranças da cidade de York durante o Império Romano cobrem um período de aproximadamente 350 anos. Ajude os alunos a compreender seu desenvolvimento desde os primeiros fortes militares que abrigavam a Nona Legião e o povoado que cresceu ao redor deles até a cidade próspera e imponente que abrigou a Sexta Legião. A área entre o forte e o rio parece ter sido movimentada e barulhenta. Provavelmente, era um pouco fedorenta também: os esgotos que serviam a legião de 5 mil homens eram descarregados diretamente no rio, o que fazia com que as doenças fossem muito comuns. Havia, ainda, um constante risco de incêndio nos prédios de madeira.

As histórias deste capítulo são baseadas em achados arqueológicos encontrados na região do grande depósito de cereais. Restos de carunchos e grãos queimados, ambos visíveis ao microscópio, são um tipo excepcional de evidência sobre a vida no Império Romano.

História em Quadrinhos

O CELEIRO JÁ ERA (p. 31-32)

❶ *Rufus:* Pai! Mãe! Vejam! Os trabalhadores estão destruindo o celeiro!

❷ A família observa os trabalhadores. Os trabalhadores estão removendo a madeira.

❸ *Trabalhadores*: Oba! É fácil para nós destruir o celeiro.
❹ *Chefe*: Trabalhadores, parem! Vocês precisam remover a madeira com cuidado. Madeira é caro.
❺ *Flavius*: Veja, Rufus! Agora os trabalhadores estão trabalhando com cuidado.
Rufus: Mas por que os trabalhadores estão destruindo o celeiro?
❻ *Chefe*: Porque o cereal está ruim!
❼ *Lepidina*: Por que o cereal está ruim?
Chefe: Porque há muitos carunchos no cereal. Precisamos destruir o celeiro.
❽ *Rufus*: Onde estão os carunchos?
Chefe: Veja! Há centenas de carunchos no cereal.
❾ *Lepidina*: Rufus, carunchos são nojentos. Não toque!
❿ *Rufus*: Não! Carunchos são fofos!
Lepidina: Rufus, você precisa lavar seus dedos! Venha comigo!

 PALAVRAS PARA LEMBRAR

SUBSTANTIVOS

amicus (m): amigo

amphorae (f pl): jarros

flumen (n): rio

frumentum (n): cereal

naves (f pl): navios

VERBOS

laborare: trabalhar

ADJETIVOS

malus/ a/ um: ruim

maximus/ a/ um: muito grande

EXPRESSÃO

facile est: é fácil

Atividades Sugeridas

ARTE
- Imaginar e desenhar uma imagem da Hidra.
- Usar a folha de atividades XIV para fazer sua própria Hidra!

PESQUISA
- Pesquisar sobre os doze trabalhos de Hércules na internet. Então, fazer uma série de doze pôsteres, cada um ilustrando um desses desafios.

PORTUGUÊS
- Trabalhar em pares ou em pequenos grupos para contar ao restante da turma sobre um dos doze trabalhos de Hércules.
- Pesquisar, em livros de mitologia ou na internet, sobre a vida de Hércules. Pode-se usar a folha de atividades XIII para ilustrar os doze trabalhos. Pode-se fazer uma competição na turma, para premiar as melhores ilustrações.
- Encontrar representações dos doze trabalhos de Hércules em vasos antigos. Os professores podem levar cópias dessas imagens apenas para os alunos identificarem.

CIDADANIA
- A família se mudou do interior para Eboracum. Embora esta seja uma cidade ainda em início de desenvolvimento, eles terão a experiência de descobrir os prazeres e os perigos de morar em uma cidade comparativamente maior. Discutir sobre as vantagens de se morar no interior em comparação com aquelas de se morar em uma cidade maior.

POESIA
- Ler a história do rato do campo e do rato da cidade, de Horácio (*Sátiras* II.6, 79-117). Que tipo de vida os alunos preferem? Por quê?

ARQUEOLOGIA
- Usar as folhas de atividades XV e XVI para fazer um experimento prático de arqueologia.

5 November
Novidades por Perto, Notícias de Longe

- **Assunto:** a vida no Exército romano
- **Conteúdo de gramática:** mais verbos impessoais
- **Material:** folhas de atividades de XVII a XXI

História em Quadrinhos

TRISTES NOTÍCIAS (p. 34-35)

1. *Lepidina*: Querido, por que você está tão triste?
   Flavius: Porque Duccius está morto.
2. *Lepidina*: Quem é Duccius?
   Flavius: Lucius Duccius Rufinus era um excelente soldado. Ele era um guardião da insígnia.
3. *Rufus*: O que é um guardião da insígnia?
   Flavius: Um guardião da insígnia carrega a insígnia para a batalha.
4. *Flavius*: O guardião da insígnia também cuida do pagamento. O guardião da insígnia mantém o pagamento em segurança embaixo do oratório.
5. *Flavius*: Quero encontrar um excelente escultor.
   Flavius sai rapidamente.
6. Flavius entra na oficina.
   Flavius: Oi!
   Escultor: Oi! O que você deseja?
7. *Flavius*: Um guardião da insígnia chamado Lucius Duccius Rufinus está morto. Quero que você faça uma inscrição esplêndida!
   Escultor: Sim. É fácil para mim esculpir uma inscrição.
8. —
9. Depois de alguns dias, Flavius, Lepidina e Rufus voltam ao escultor.
   Rufus: Eu quero observar o escultor.
   Lepidina: Você pode observar o escultor.
10. *Rufus*: Veja a insígnia! Veja as medalhas!
    Lepidina: Céus! Duccius era jovem.

Nota: A partir daqui, os substantivos serão listados, em Palavras para Lembrar, no nominativo, em vez de aparecerem no caso em que se encontram nos textos. Os adjetivos aparecerão nas formas de masculino, feminino e neutro, sempre do caso nominativo.

 DESCUBRA A GRAMÁTICA

Os infinitivos, em ordem, são: *invenire* (encontrar), *sculpere* (esculpir), *spectare* (observar), *spectare* (observar).

 RAÍZES LATINAS

1. Custódia, de *custodire*, guardar ou vigiar. Ato de guardar ou vigiar.
2. Voluntariamente, de *volo*, eu quero. De maneira espontânea, por vontade própria.
3. Licença, de *licet*, é permitido. Permissão ou autorização.

Notícias de Roma: Insígnias Militares

No começo do século II d.C., a insígnia romana consistia em um mastro longo ao qual eram presos diversos discos de metal chamados de *phalerae*. Esses discos eram medalhas comemorativas que marcavam vitórias anteriores vencidas por aquele grupo de soldados. Acima dos discos havia, algumas vezes, uma placa, na qual o nome da divisão (*cohors*) do Exército estava escrito. Acima disso, podia ter uma mão, geralmente circundada por uma espécie de auréola. A insígnia era algo como um amuleto da sorte. Ela era carregada para a batalha e funcionava como um sinal de encorajamento para os soldados.

A LÁPIDE

Esta lápide, originalmente pintada com cores vibrantes, está no Museu da cidade britânica de Yorkshire e foi datada do começo do século II d.C.

Foi encontrada em 1688, no adro da igreja da Santíssima Trindade, sendo uma das primeiras descobertas romanas em York. Ela ficava em um nicho à margem da grande rodovia romana, que chegava a York a partir do sudoeste.

Lucius Duccius Rufinus é um dos dois únicos homens da Nona Legião de York cujos nomes são conhecidos. A Nona Legião é apresentada na inscrição; os algarismos romanos ali presentes precisam de algumas adaptações para serem interpretados, já que eles aparecem na forma antiga (VIIII e não IX, como hoje). Lucius Duccius morreu aos 28 anos. Ele era da região da atual França e aparecia usando um colar torcido, chamado *torquis*. É difícil saber se ele usava botas ou proteção de tipo armadura nos pés e tornozelos. Pode ser que a inscrição mostre não a realidade, mas os desejos de Lucius. Certamente ele sabia ler e escrever. Sua lápide mostra que os jovens que se juntavam ao Exército romano naquela época vinham de diferentes regiões. Muitos deles vinham da Gália, como Lucius.

Não há comprovação histórica de que Lucius e Flavius se conheceram, mas, para ilustrar a história, considerou-se que Flavius tenha sentido a morte de Lucius porque eles se conheciam bem. Flavius teria tomado conta de seu funeral e da produção de sua lápide porque ele estava longe de casa, sem família. Ninguém sabe qual foi a causa da morte de Lucius.

A sigla HSE, na base da lápide, significa *hic situs est* (algo como "aqui jaz"). Não há menção a qualquer herdeiro. Algumas vezes, quando a lápide era financiada por algum herdeiro, apareciam as letras HFC, sigla que significa *heres faciendum curavit* (algo como "o herdeiro cuidou que se fizesse").

História em Quadrinhos

UMA CARTA DE DÁCIA (p. 38-39)

1. Lepidina está feliz. Lepidina está segurando uma carta. Lepidina lê a carta.
2. *Iulius* escreve: Dácia está fria. Frequentemente chove.
3. Agora está nevando!
4. Alguns soldados estão construindo uma ponte.
5. A ponte atravessa o Danúbio. A ponte é linda. Há muitas pedras.
6. Os soldados precisam trabalhar duro e carregar as pedras.
7. Outros soldados estão lutando bravamente. No entanto, eu não estou lutando porque sou escriba.
8. Trajano é um excelente líder. Trajano come com os soldados.
9. *Todos*: Oba! Iulius está em segurança! Flavius, Rufus e os escravos estão felizes.
10. Mas Lepidina está ansiosa, porque ela é mãe.
    Lepidina: Dácia está fria. A guerra é perigosa...

Informações Contextuais: A Ponte sobre o Danúbio

Esta parte da história de Trajano é contada pelo historiador Cassius Dio:

"Trajano construiu sobre o Danúbio uma ponte de pedras pela qual jamais poderei louvá-lo o bastante. De fato, é tão genial como suas demais realizações, mas ainda mais incrível que elas. São vinte pilares de pedras quadradas, subindo mais de 45 metros acima das bases, quase 20 metros de largura. Os pilares ficam a uma distância de 50 metros uns dos outros e são conectados por arcos. Como, então, não se encantar com o trabalho que deve ter dado construí-los, ou com a forma como cada um deles deve ter sido colocado no fundo de um rio tão profundo, com águas tão revoltas, de fundo tão lamacento?" (*História Romana*, LXVIII vi I)

A ponte de Trajano sobre o rio Danúbio foi a construção do mundo antigo que por mais tempo permaneceu de pé. Adriano, depois, desmanchou-a para evitar o acesso fácil ao império por intrusos hostis, mas os pilares foram mantidos em seus lugares para mostrar que nada era impossível de ser atingido pelo engenho do homem. A ponte havia sido projetada por Apolodoro de Damasco, que também havia sido o responsável pela Coluna de Trajano.

 PALAVRAS PARA LEMBRAR

SUBSTANTIVO

iuvenis (m): jovem

VERBOS

erat: ele era / estava

intrat: ele entra

reveniunt: eles voltam

INFINITIVOS

facere: fazer / fabricar / construir

invenire: encontrar

ADVÉRBIO

tamen: no entanto, entretanto

Atividades Sugeridas

PORTUGUÊS

- Escrever uma biografia imaginária de Lucius Duccius Rufinus, contando o período que vai desde que ele se junta ao Exército romano na região da Gália até a época em que ele trabalha em Eboracum. Incluir o máximo de informações possíveis dentre aquelas contidas no capítulo.

- Escrever palavras em português a partir das letras contidas em ROMÊNIA. Quantas palavras será possível encontrar?

- Imaginar que você seja Iulius. Escrever outra carta para casa, de Dácia.

- Com base no mito de Deméter e Perséfone, escrever seu próprio mito sobre fenômenos naturais, como neve e trovões.

- Três alunos devem descrever a guerra em Dácia. Um deles sob a perspectiva de Plinius, outro de Traianus, outro de Iulius. Comparar, por fim, as três perspectivas.

ARTE

- Produzir sua própria insígnia. Em vez de *phalerae*, desenhar alguns discos e incluir alguma medalha que você já tenha ganhado.

GEOGRAFIA

- Usar um atlas para traçar o caminho de Lucius Duccius desde a Gallia até Eboracum.

COTIDIANO

- Discutir as vantagens e desvantagens de um período de serviço militar obrigatório.

Respostas das Folhas de Atividades

FOLHA DE ATIVIDADES XVIII

1 Flavius é da Holanda.
2 Corinthus é da Grécia.
3 Duccius é da Gália.
4 Candidus e Pandora são do norte da Bretanha.
5 Barates é de Palmira, na Síria.
6 Traianus é de Sevilha, na Espanha.

FOLHA DE ATIVIDADES XX

1 Duccius precisa cuidar do pagamento.
2 É fácil para Duccius carregar a insígnia.
3 É difícil para Duccius lutar.
4 Duccius gosta de polir as medalhas.
5 Duccius pode liderar os soldados

FOLHA DE ATIVIDADES XXI

hodie hoje

ningit está nevando

pluit está chovendo

sol lucet o sol está brilhando

tonat está trovejando

ventosum est está ventando

nubes adsunt está nublado

6 December
Tempo de Comemorar!

- **Assunto:** o festival Saturnalia
- **Conteúdo de gramática:** sujeito e objeto; usos dos infinitivos
- **Material:** folhas de atividades de XXII a XXIV

História em Quadrinhos

É SATURNALIA! (p. 41-42)

1. Chegou Saturnalia. Flavia e Gaius estão visitando.
2. Lepidina cozinha o jantar.
3. Candidus experimenta a comida.
   Candidus: A comida está excelente!
4. Pandora está reclinada em um sofá. Pandora está usando um capuz da liberdade.
5. Corinthus e Candidus também estão reclinados. Corinthus e Candidus estão usando capuzes.
6. Flavius e Rufus estão carregando a comida.
   Flavius e Rufus: Hoje nós somos os escravos!
7. Rufus está despejando o vinho rapidamente.
   Rufus: É fácil para mim despejar o vinho!
8. Rufus derrama o vinho. Rufus está chorando!
   Rufus: Céus!
9. *Pandora*: Não chore!
   Flavius limpa o vinho.
10. *Corinthus*: Como ela é bondosa!
    Candidus: E como é bonita!

 DESCUBRA A GRAMÁTICA

Lembre aos alunos que há sempre duas possibilidades de traduzir os verbos latinos no presente (chora/ está chorando).

1. ele/ ela chora
2. eles/ elas visitam
3. ele/ ela está reclinado(a)
4. eles/ elas estão reclinados(as)
5. eles/ elas carregam
6. eles/ elas choram
7. ele/ ela visita
8. ele/ ela despeja
9. ele/ ela carrega

Aqui há, também, uma recordação da terminação dos casos. Como antes, use os termos **nominativo** e **acusativo** se acha que são apropriados para os alunos; por exemplo:

O caso **nominativo** é usado para o **sujeito**. Então, na frase **a**, dizemos que **Pandora** está no caso **nominativo**.

O **acusativo** é o caso do **objeto**. Então, na frase **b**, **Pandoram** está no caso **acusativo**.

Notícias de Roma: Saturnalia

Há muitos paralelos entre as celebrações do Natal e os costumes romanos: o feriado mais importante, descanso, banquetes, presentes, velas. Você pode relacionar as festas romanas a outras datas comemorativas também!

História em Quadrinhos

TEMPO DE PRESENTES! (p. 44-45)

1. Depois do jantar, Lepidina dança habilidosamente.
2. Todos os escravos cantam alegremente.
3. Toda a família está fazendo graça.
4. *Lepidina*: Preciso encontrar os presentes.
   Lepidina sai.
5. Lepidina volta à sala de jantar.
   Lepidina: Rufus, este é seu presente!
   Rufus recebe uma bola.
6. *Lepidina*: Corinthus, este é seu presente!
   Corinthus recebe um livro.
7. *Lepidina*: Candidus, este é seu presente!
   Candidus recebe uma vela.
8. *Lepidina*: Meu querido, este é o seu presente!
   Flavius recebe um anel.
9. *Flavius*: Lepidina, este é seu presente!

Lepidina também recebe um anel.

- *Minimus* e *Vibrissa*: Onde estão nossos presentes?
  Lepidina: Vejam!

 DESCUBRA A GRAMÁTICA

a difficile est mihi dona invenire.

b facile est mihi dona invenire.

 RAÍZES LATINAS

1 <u>Detergente</u>, de *deterget*, limpa. O que ajuda a limpar.
2 <u>Pós-natal</u>, de *post*, depois, e *natus*, nascido. Período depois do nascimento.
3 <u>Doações</u>, de *dona*, presentes. O que se dá a alguém.

Informações Contextuais: Presentes de Saturnalia

PRESENTES CONFUSOS

Há mais de uma solução correta para este quebra-cabeça. Aqui estão sugestões de presentes apropriados:

Flavius: *venabula*, lanças de caça. No capítulo 9 há informações a respeito da caça como diversão. Muitas das tabuletas de Vindolanda descrevem expedições de caça, cachorros de caça etc..

Gaius: *udones*, meias.

Flavia: *capillamentum*, peruca. Extensões de cabelo estavam na moda naquela época.

Rufus: *pila*, bola.

Pandora: *sapo*, tintura de cabelo. Cabelos loiros estavam na moda e pintar os cabelos era muito comum.

Candidus: *scopae*, vassoura.

Corinthus: *scrinium*, porta-livros. Um presente apropriado para o escravo erudito.

Lepidina: *ampulla*, frasco de perfume.

Presentes possíveis para Minimus e Vibrissa: *caseus* (queijo), *pila* (bola), *mus* (ratinho de brinquedo), *piscis* (peixe).

Gravuras Romanas

Os anéis que Flavius e Lepidina trocaram como presentes de Saturnalia continham pedras decoradas com figuras entalhadas. Essas figuras, especificamente, foram encontradas no esgoto de Eboracum. Provavelmente ficaram perdidas por um período de tempo e devem ter caído nos banhos, nos balneários.

O antigo entalhe delicado em vidros e pedras, feito sem a ajuda de lentes de aumento, é bem impressionante. As gravuras eram geralmente entalhadas em pedras semipreciosas, especialmente jaspe e cornalina. É por isso que jovens garotos – talvez tão jovens quanto Rufus – se encarregavam desse delicado trabalho, enquanto ainda tinham a visão aguçada. Eles provavelmente eram aprendizes de seus pais ou de algum outro parente, depois de observá-los em seu trabalho. A maior e mais importante coleção dessas pedras, na Grã-Bretanha, foi encontrada em um forte romano em Caerleon, ao sul de Gales. As gravuras foram encontradas no ralo principal de um balneário, e a coleção está em exposição no museu de Caerleon.

O anel de Flavius tem a gravura de Marte, o deus da guerra – um deus apropriado para um soldado. O de Lepidina mostra Fortuna, a deusa da sorte. Fortuna é a deusa certa para Lepidina, já que ela era responsável por cuidar dos soldados. Lepidina apelou a ela quando Iulius partiu para Dácia, no capítulo 2.

AS DESCRIÇÕES DE MARCIAL SOBRE OS PRESENTES DE SATURNALIA

Há evidências de que as celebrações de Saturnalia eram populares na Bretanha romana. Nas cartas trocadas entre dois soldados em Vindolanda, eles discutem sobre o preço de presentes de Saturnalia. O poeta romano Marcial, que viveu no século I d.C. e normalmente é conhecido por seu tom satírico, dedica o 14º livro de seus epigramas às descrições de presentes de Saturnalia. Os alunos podem gostar de alguns deles: algumas das palavras latinas que os descrevem têm sons interessantes. A lista abaixo pode ser útil se você optar por encenar a história.

Ampulla potoria: garrafinha

Auriscalpium: limpador de orelha

Calathi: taças

Cithara: cítara

Concha: concha

Crepitacillum: chocalho

Crines: cabelos

Dentiscalpium: limpador de dentes

Pectines: pentes

Pica: corvo

Psittacus: papagaio

Pugio: punhal

Soleae lanatae: pantufas

Spongia: esponja

Strigiles: espátula (para os banhos)

Tabula lusoria: jogo de tabuleiro

Tali eborei: ossinhos (para jogar o jogo dos bugalhos ou cinco-marias)

Tesserae: dados

Tintinabulum: sino

Umbella: sombrinha

NB A folha de atividades XXIV traz alguns dos poemas de Marcial sobre Saturnalia.

Mito Grego

SATURNO E A ERA DE OURO

Muitas passagens de Virgílio se referem ao período em que Saturno reinou sobre o Lácio (uma área ao sul de Roma). Eis uma das descrições de Virgílio sobre essa Era de Ouro:

"Faunos e Ninfas nativos habitavam estes bosques, e um povo humano nascido dos troncos e do duro carvalho, que não tinha leis nem era civilizado. Esse povo não sabia juntar os touros nem fazer dinheiro nem poupar o que tinham. Mas as árvores e a caça bruta o alimentavam. Saturno foi o primeiro a descer do etéreo Olimpo, fugindo às armas de Júpiter e expulso do reino tomado. Ele juntou aquele povo rude e disperso pelas altas montanhas e lhe concedeu leis. E decidiu chamar a região de Lácio, porque se escondera, seguro, naquelas terras. A época sob seu reinado foi a que chamam de áurea – assim governava os povos com paz e serenidade, até que, aos poucos, uma época mais decadente e menos brilhante tomou lugar. E o ódio da guerra e o amor pelas posses vieram em seguida". (*Eneida* VIII, 314-327)

Nesse trecho, o poeta procura criar uma relação etimológica entre o nome da região – Lácio, em português; *Latium*, em latim – e o verbo *latere*, que significa "esconder-se", em português.

(Para outras passagens de Virgílio sobre a Era de Ouro, veja *Eneida* VI, 792-794; VII, 48-49; *Geórgicas* II, 536-540.)

Por outro lado, o escritor satírico Juvenal (início do século II d.C.) descreve o reinado de Saturno de maneira bem diferente:

"Acho que o Pudor, durante o reinado de Saturno, demorou-se na terra e foi visto por muito tempo, enquanto as frias cavernas serviam de pequenas casas e davam fogo e aconchego e colocavam os senhores e o gado sob a mesma sombra, quando a esposa montanhesa preparava a cama silvestre com folhas, palha e peles de animais da região". (*Sátiras* VI, 1-7)

 PALAVRAS PARA LEMBRAR

SUBSTANTIVOS

cibus (m): comida

donum (n): presente

lectus (m): sofá

liber (m): livro

VERBOS

facit: faz

fundit: despeja

profundit: derrama

lacrimat: chora

revenit: volta

ADVÉRBIO

hodie: hoje

ADJETIVO

pulcher/ pulchra/ pulchrum: bonito(a)

Atividades Sugeridas

TEATRO

- Ambas as histórias em quadrinhos deste capítulo podem ser encenadas. Se isso for feito em português, os alunos podem ampliar os diálogos explorando os sentimentos dos personagens em seus novos papéis, como os escravos aproveitando sua liberdade.

PORTUGUÊS

- Escrever o diário de Pandora, Corinthus ou Candidus durante os preparativos para comemorar o festival Saturnalia e durante os festejos.

- Discutir e depois comparar as diferentes visões apresentadas sobre a Era de Ouro de Saturno. Comparar o tom satírico de Juvenal com a sátira que se vê hoje em dia nos programas de TV.
- Começando com "pós-natal", fazer uma lista de derivados da palavra *post*, como "pós--moderno", "pós-guerra", "posposto". Usar um dicionário para ampliar a lista.

Respostas das Folhas de Atividades

FOLHA DE ATIVIDADES XXII

1 *ante meridiem* antes do meio-dia

2 *post meridiem* depois do meio-dia

3 *et cetera* e outros

4 *id est* isto é

5 *quid pro quo* o que pelo que (uma coisa no lugar de outra coisa)

6 *exempli gratia* para dar um exemplo

7 *ad nauseam* até enjoar

8 *ad hoc* para isto

9 *sine qua non* sem a qual não (não pode existir sem isto)

10 *post scriptum* além do que foi escrito

11 *per se* por si só

12 *nota bene* repare bem

13 *pro tempore* para o momento

14 *ad libitum* ao bel-prazer

FOLHA DE ATIVIDADES XXIII

1 Candidus (s) experimenta (v) a comida (o).

2 Flavius (s) e Rufus (s) estão carregando (v) a comida (o).

3 Corinthus (s) está usando (v) um capuz (o).

4 Minimus (s) e Vibrissa (s) estão comendo (v) a comida (o).

5 Rufus (s) está comendo (v) a comida (o).

6 Pandora (s) ama (v) Rufus (o).

7 Ianuarius
Recomeços

- **Assunto:** nascimento
- **Conteúdo de gramática:** imperativos
- **Material:** folhas de atividades de XXV a XXVIII

História em Quadrinhos

CHEGA O GRANDE DIA (p. 48-49)

1. Lepidina volta a Cataractonium.
   Lepidina: Preciso ajudar Flavia.
2. *Flavia:* O bebê está chegando agora. Ajuda! Ajuda, mãe!
   Flavia está sentindo muita dor.
3. *Lepidina:* Não tenha medo! Preciso chamar a parteira.
   Flavia: Sim. Rápido!
4. A parteira chega.
   Parteira: Não tenham medo! Flavia, você é forte. Lepidina, traga água!
5. Lepidina traz água e toalhas. Então a parteira e Lepidina lavam os dedos.
6. A parteira está ajudando Flavia.
   Parteira: Flavia, não se preocupe! Relaxe!
7. Enquanto isso, Gaius está preocupado. Gaius anda de lá para cá.
8. *Parteira:* Veja! Agora o bebê está aqui. Oba! É uma filhinha!
9. *Parteira:* Mas espere! Tem outro bebê aqui! Agora é um filho!
10. *Lepidina:* Flavia e os gêmeos estão bem!
    Parteira: E você é vovó! Parabéns!

 DESCUBRA A GRAMÁTICA

Ordens: *adiuva!* (ajude!), *porta!* (traga! ou leve!), *relaxa!* (relaxe!), *mane!* (espere!).

Ordens negativas: o imperativo negativo é formado a partir de *noli* (para o singular) ou **nolite** (para o plural) e do infinitivo de um verbo.

1. Lavem seus dedos (ou mãos)! *Plural*
2. Não durmam! *Plural*
3. Não chore! *Singular*
4. Tragam/ levem água! *Plural*
5. Não corra! *Singular*
6. Se apressem! *Plural*
7. Cantem! *Plural*
8. Não lutem! *Plural*
9. Construa! *Singular*
10. Entrem! *Plural*

 RAÍZES LATINAS

1. <u>Aquedutos</u>, de *aqua*, água, e *ducere*, conduzir. Estruturas, geralmente como pontes, que conduzem a água.
2. <u>Inválidas</u>, de *validus*, forte. Pessoas adoentadas, por exemplo.

História em Quadrinhos

TODOS RECEBEM OS GÊMEOS (p. 51-52)

1. Gaius entra no quarto. Gaius coloca os gêmeos no chão.
2. De repente os gêmeos choram. Todos ficam felizes.
   Gaius: Os gêmeos são fortes. Os deuses domésticos recebem os gêmeos.
3. A parteira lava e enrola os gêmeos.
4. Gaius está segurando os gêmeos.
   Gaius: Como eles são bonitos!
5. Flavius e Rufus entram.
   Lepidina: Você é avô!
   Flavius: E você é avó!
   Rufus: E eu sou tio!
6. *Gaius:* Nós devemos chamar um astrólogo.
   Gaius sai.
7. O astrólogo olha as estrelas e entra.
8. *Astrólogo:* Os gêmeos nasceram sob o signo de capricórnio. É um bom horóscopo!

9 O astrólogo segura o filho.
   Astrólogo: Este menino será corajoso e forte.
10 O astrólogo segura a filha.
   Astrólogo: Esta menina será forte e virtuosa.

Notícias de Roma: Ter um Bebê

Como não poderia ser diferente, a prática do nascimento e do parto na Antiguidade é muito baseada em tentativa e erro. A figura mais importante desse processo era a parteira, muito respeitada naquele tempo – os padrões de higiene, entretanto, variavam muito. Sorano recomenda que uma parteira deve ter "unhas das mãos bem cortadas, dedos longos e força na mente e no corpo". Juntamente com a parteira, muitas mulheres da família deveriam estar presentes quando alguém dava à luz. Depois de ficar deitada numa cama por algum tempo, a mulher grávida normalmente era transferida para um "tamborete de parto". Uma escultura de Óstia mostra uma parteira ajudando uma mulher a dar à luz desse jeito; a assistente da parteira fica atrás da mãe para segurá-la! O som de sinos era tido como um barulho que ajudava as mulheres a se distrair da dor do parto.

Logo depois do parto, o pai assumia um importante papel. Primeiro, ele colocava o bebê perto da lareira, para que fosse aceito pelos deuses domésticos. Então, se o bebê parecesse forte e saudável, o pai deveria levantá-lo: isso era chamado de *susceptio*.

Os romanos tendiam a usar amas de leite, porém Tácito louvava as mulheres germânicas por alimentarem seus próprios bebês ao peito. Sorano lembra que "uma ama de leite deve saber grego, para que a criança se acostume desde cedo com a melhor das linguagens".

Mito Grego

- **Contando histórias:** numa outra versão do mito, Remus provocou seu irmão saltando sobre os muros da cidade e zombando deles. Esta pode ser uma oportunidade para conversar com os alunos sobre o fato de que as histórias vão se alterando à medida que vão sendo contadas e recontadas. Você pode fazer comparações com a brincadeira do "telefone sem fio" ou pedir aos alunos que contem sua própria versão de algum acontecimento nacional recente, para se fazer uma comparação com diferentes notícias de jornal a respeito do mesmo acontecimento. Os alunos devem começar a perceber como os interesses ou as tendências individuais de cada pessoa podem alterar a narrativa. Isso pode levar a um projeto muito maior, de contação de histórias oralmente. Você pode dar ênfase à técnica oral de Homero, nas épicas *Ilíada* e *Odisseia*.

- **Imagens:** a loba que amamentou os gêmeos tornou-se uma imagem comum da Roma antiga e aparecia em moedas. Existe uma famosa estátua de bronze representando esse fato que fica no Museu Capitolino de Roma. O mosaico que aparece no livro do aluno é outra representação da cena.

 PALAVRAS PARA LEMBRAR

SUBSTANTIVOS

cubiculum (n): quarto

filia (f): filha

filius (m): filho

terra (f): terra, solo, chão

ADJETIVOS

fortis/ forte: corajoso(a)

PREPOSIÇÃO

sub: sob

VERBOS (agora apresentados pelo infinitivo)

accipere: receber

adiuvare: ajudar

advenire: chegar

ponere: colocar

revenire: voltar

Atividades Sugeridas

PESQUISA

- Pesquisar sobre os doze signos do Zodíaco.
- Pesquisar sobre a palavra "janeiro" e Janus. Compartilhar com o restante da sala.
- Pesquisar sobre todos os doze meses do ano e o motivo de eles terem esses nomes.

ARTE

- Faça um cartaz mostrando os doze signos do Zodíaco e inclua seus nomes em latim, que são apresentados a seguir.

   Aquarius   Aquário

   Pisces   Peixes

Aries	Áries (carneiro)
Taurus	Touro
Gemini	Gêmeos
Cancer	Câncer (caranguejo)
Leo	Leão
Virgo	Virgem
Libra	Libra (balança)
Scorpio	Escorpião
Sagittarius	Sagitário (centauro)
Capricornus	Capricórnio (cabra)

Ver também a folha de atividades XXV.

PORTUGUÊS

- Fazer uma lista de onomatopeias em português com as correspondentes em latim. Ilustrar as onomatopeias para fazer um cartaz.

- Hoje em dia, de que maneiras as pessoas tentam saber o que vai acontecer no futuro? Os alunos podem usar a folha de atividades XXVIII para pesquisar quais eram os métodos romanos de prever o futuro e comparar com os métodos de nossa época. Relembre aos alunos que *omen* é uma palavra latina. Depois, pode-se discutir se é ou não uma boa ideia procurar saber o futuro.

COTIDIANO

- Ampliar a discussão sobre presságios, incluindo as superstições. Os romanos eram muito supersticiosos. Por exemplo, o lado esquerdo era considerado como de má sorte (a palavra latina para "esquerda" é *sinister*). Então, os romanos gostavam de entrar em uma rua sempre começando pelo pé direito – isso pode ser comparado à superstição de não passar embaixo de escadas. Alguns dias eram tidos como de boa sorte e outros como de má sorte, no calendário romano.

- Um desafio tão grandioso quanto uma viagem pelo mar naqueles tempos requeria preces e sacrifícios às divindades apropriadas (geralmente, a Netuno). Isso pode ser o ponto de partida para uma discussão que envolva religião, superstição e tradição.

Respostas das Folhas de Atividades

FOLHA DE ATIVIDADES XXVI

Os membros da família devem ser identificados assim:

Lepidina	*avia*, avó
	mater, mãe
Flavius	*avus*, avô
	pater, pai
Rufus	*filius*, filho
	avunculus, tio
	frater, irmão
Filha bebê	*filia*, filha
	infans, bebê
	gemina, gêmea
	soror, irmã
	neptis, neta
Filho bebê	*filius*, filho
	infans, bebê
	geminus, gêmeo
	frater, irmão
	nepos, neto

FOLHA DE ATIVIDADES XXVII

1 *noli stridere!* Não faça barulho!

2 *conside!* Sente-se!

3 *nolite pugnare!* Não lutem!

4 *noli dormire!* Não durma!

5 *intra!* Entre!

6 *noli lacrimare!* Não chore!

7 *exite!* Saiam!

8 *cavete!* Tomem cuidado!

9 *caseum consume!* Coma o queijo!

FOLHA DE ATIVIDADES XXVIII

Um **astrólogo** estuda os astros e as estrelas.

Um **harúspice** era um tipo especial de sacerdote que sacrificava animais e examinava suas vísceras, principalmente o fígado, para prever o futuro.

Um **áugure** era outro tipo de sacerdote que examinava o voo das aves como um meio de prever o futuro.

Um **oráculo** interpretava as mensagens dos deuses.

(Veja o capítulo 8 para informações sobre o mais famoso dos oráculos, o de Delfos)

8 Februarius
É a Vez do Grego

- **Assunto:** viagens marítimas romanas; o oráculo de Delfos
- **Conteúdo de gramática:** pretérito imperfeito
- **Material:** folhas de atividades de XXIX a XXXII

História em Quadrinhos

A PRIMEIRA AULA DE GREGO DE RUFUS (p. 55-56)

NB Corinthus anda ocupado demais para ensinar grego a Rufus. Ele está ajudando Flavius enquanto ele supervisiona a construção de novos quartéis militares.

❶ Demetrius entra.
Flavius: Olá, professor! Este é Rufus.

❷ *Flavius:* Rufus, Demetrius é o novo professor.
Rufus: Olá!
Demetrius: Olá, Rufus!

❸ *Rufus:* Onde você mora?
Demetrius: Agora eu moro em Eboracum, mas recentemente eu estava navegando pela Escócia.

❹ *Rufus:* E você não estava com medo?
Demetrius: Sim. Uma tempestade soprava.

❺ *Demetrius:* Estava ventando e chovia muito. O mar estava agitado.

❻ *Demetrius:* A tempestade estava balançando o navio no mar. Os marinheiros e eu estávamos com medo.

❼ *Demetrius:* Todos os dias eu rezava porque estava com medo. Finalmente, estávamos navegando para o porto.

❽ *Marinheiros:* Estamos salvos! Precisamos agradecer aos deuses.

❾ *Demetrius:* Eu queria dar tabuletas. Estas são as tabuletas.

❿ *Rufus:* Mas é difícil ler as tabuletas!
Demetrius: Sim! As letras são gregas.

DESCUBRA A GRAMÁTICA

EXEMPLOS DO PRETÉRITO IMPERFEITO:

3º quadrinho	*navigabam*	eu estava navegando
4º quadrinho	*timebas*	você estava com medo
	efflabat	soprava
5º quadrinho	*pluebat*	chovia
6º quadrinho	*iactabat*	estava balançando
	timebamus	estávamos com medo
7º quadrinho	*orabam*	eu rezava
	timebam	eu estava com medo
	navigabamus	estávamos navegando
9º quadrinho	*volebam*	eu queria

RAÍZES LATINAS

1 Inflavam, de *efflabat*, soprava. Os ventos inchavam as velas.
2 Pluviométricos, de *pluebat*, chovia. Índices de chuva numa região ou num período.
3 Naval, de *navis*, navio. Relativo ou pertencente a navios ou à Marinha.
4 Habitat, de *habitas*, mora. Local favorável à vida de determinado animal ou determinada planta.
5 Turbulência, de *turbulentus*, agitado. Perturbação, agitação, tumulto.

Informações Contextuais: Scribonius Demetrius

Scribonius Demetrius era um *grammaticus* que muitas vezes ensinava garotos mais velhos. Nessa família, porém, era natural que mesmo um garoto mais jovem, como Rufus, aprendesse grego, tal era o aumento da romanização da Bretanha a que se referia Tácito, em seu *Agricola*.

É provável que esse Demetrius seja o mesmo Demétrio de Tarso que encontrou Plutarco em Delfos, no ano 83 d.C., em uma visita para consultar o oráculo. Imagina-se que ele tenha passado alguns anos em York, provavelmente na equipe de Fronto, comandante da Nona Legião de 76 a 79 d.C. Demetrius era o autor de duas tabuletas votivas em bronze, que agora estão no Museu de Yorkshire. Essas duas tabuletas, escritas em grego e pontilhadas no metal, são oferendas de agradecimento pela viagem segura ao redor das ilhas a oeste da Escócia. As duas tabuletas foram encontradas em 1840, perto de uma antiga estação de trem próxima do rio Ouse, do lado oposto ao da fortaleza. Elas eram feitas originalmente em bronze (inicialmente banhadas em prata) e deveriam ser presas em um santuário no balneário.

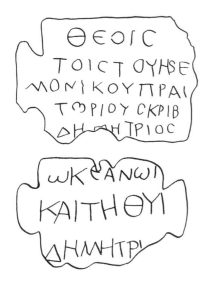

Demetrius estava muito aliviado por voltar a salvo de sua viagem pelo mar. Todos sabem dos enormes perigos que havia para os navegantes do mundo antigo. Uma prova disso é que na Alexandria romana acontecia um festival que servia especialmente para celebrar o começo da primavera e a abertura da temporada de navegações, no dia 5 de março de cada ano.

História em Quadrinhos (p. 59-60)

RUFUS APRENDE AS LETRAS

❶ *Rufus*: É fácil para mim escrever estas letras.
Rufus escreve β, τ, ς e υ.

❷ *Rufus*: Mas é difícil para mim escrever estas letras.
Rufus escreve ζ, ξ e ψ.

❸ *Demetrius*: Oba, Rufus! Você está trabalhando duro.
Finalmente Rufus aprende todas as letras gregas.

❹ Rufus estava escrevendo por muito tempo. Agora ele está cansado.

❺ *Demetrius*: A Grécia é bonita. Você precisa visitar a Grécia, especialmente Delfos.

❻ *Rufus*: Por que Delfos é tão famosa?
Demetrius: Porque o oráculo de Delfos é muito conhecido.

❼ *Demetrius*: Eu visitei Delfos muitos anos atrás. Eu estava consultando o oráculo.

❽ *Demetrius*: Eu estava observando Pítia.
Rufus: Quem é Pítia?
Demetrius: Ela é uma sacerdotisa famosa.

❾ *Rufus*: O que Pítia fazia?
Demetrius: Pítia ficava sentada em uma trípode e mascava folhas.

❿ *Demetrius*: Pítia proferia as respostas de Apolo.
Rufus: É um milagre! Eu também quero ver a sacerdotisa!

 DESCUBRA A GRAMÁTICA

1 *est* (presente), *scribere* (infinitivo), *scribit* (presente).
2 *est* (presente), *scribere* (infinitivo), scribit (presente).
3 *laboras* (presente), *discit* (presente).
4 *scribebat* (pretérito imperfeito), *est* (presente).
5 *est* (presente), *erit* (futuro), *visitare* (infinitivo).
6 *sunt* (presente), *est* (presente).
7 *visitabam* (pretérito imperfeito), *consulebam* (pretérito imperfeito).
8 *spectabam* (pretérito imperfeito), *est* (duas vezes, presente).
9 *faciebat* (pretérito imperfeito), *sedebat* (pretérito imperfeito), *mandebat* (pretérito imperfeito).
10 *proferebat* (pretérito imperfeito), *est* (presente), *videre* (infinitivo), *volo* (presente).

Notícias de Roma: Delfos

- Havia outros oráculos pela Grécia, mas o mais importante era o de Delfos.
- Peregrinos foram a Delfos durante um período de mais de mil anos.
- Os peregrinos acreditavam que eles estavam em comunhão com o deus da profecia, Apolo.

- A sacerdotisa tinha de ser uma mulher virgem com mais de cinquenta anos. Antes de transmitir as profecias, ela tinha de se purificar na fonte de Castália.
- Algumas das profecias eram claramente ambíguas.
- Escavações em Delfos foram iniciadas pelos franceses no século XIX e continuam até hoje.
- Os alunos devem ter ficado curiosos a respeito do que é uma trípode, que talvez eles não conheçam como algo em que se possa sentar. Vale apontar as raízes gregas da palavra: *treis* (três) e *pous* (gen. *podos*, pé).

 PALAVRAS PARA LEMBRAR

SUBSTANTIVOS
Annus (m): ano
Nauta (m): marinheiro
Navis (f): navio

VERBOS
habitare: morar
legere: ler
navigare: navegar
scribere: escrever
sedere: estar / ficar sentado(a)
videre: ver

EXPRESSÃO
gratias agere agradecer

ADJETIVOS
fessus/ a/ um: cansado(a)
tutus/ a/ um: salvo(a)

Atividades Sugeridas

GEOGRAFIA
- Usando um atlas, localizar Delfos e York. Discutir métodos de transporte para fazer essa viagem nos tempos dos romanos.

PORTUGUÊS
- Fazer uma comparação entre a consulta ao oráculo de Delfos e a cena, no capítulo 7, em que os gêmeos de Flavia têm seu horóscopo narrado. É apropriado/ delicado/ perigoso tentar descobrir o futuro? As comparações também podem ser feitas com os horóscopos de jornal, a leitura da palma da mão, entre outros métodos, discutindo especialmente como alguns deles podem ser pouco confiáveis.

ARTE
- Fazer uma cópia em grande escala de cada uma das tabuletas de bronze.

Respostas das Folhas de Atividades

CONHECENDO OS "ESPÍRITOS"

Não havia a letra H no alfabeto grego, mas os gregos usavam um símbolo chamado "espírito". Se o som da letra H era necessário antes da vogal inicial de uma palavra, eles usavam o "espírito rude", que se parece com isto: ʽ ; por exemplo, Ἑλλάς. Se nenhum som era necessário antes da vogal inicial de uma palavra, eles usavam o "espírito brando", que se parece com isto: ʼ ; por exemplo, ἰδέα.

Existem sete vogais em grego: α, ε, η, ι, ο, υ e ω.

FOLHA DE ATIVIDADES XXX

Nomes próprios
1. Herakles
2. Odysseus
3. Persefone
4. Alexander
5. Demetrios
6. Kyklops
7. Hellas
8. Athenai
9. Parthenon
10. Pegasos

Substantivos comuns
11. drama
12. hippopotamos
13. idea
14. orkhestra
15. katastrophe
16. dillema
17. rhododendron
18. rhinoceros
19. asthma
20. pneumonia

9 Martius
Dias Maravilhosos!

- **Assunto:** dar nome a um bebê; caça
- **Conteúdo de gramática:** o pretérito imperfeito do verbo *esse*
- **Material:** folhas de atividades de XXXIII a XXXVI

História em Quadrinhos

OS NOMES DOS GÊMEOS (p. 63-64)

❶ *Lepidina*: No oitavo dia, amigos e parentes vinham à casa.
❷ *Lepidina*: Era o dia da purificação. Gaius segurava sua filha.
❸ *Lepidina*: Gaius jogava um pouco de água em sua filha.
  Gaius: Seu nome é Gaia Charisa.
❹ *Lepidina*: Todos davam presentes. Todos estavam muito felizes.
❺ Rufus queria dar animais de bronze.
  Lepidina: Mas era perigoso, porque Charisa era pequena.
❻ *Lepidina*: No dia seguinte, todos voltavam à casa. De novo eles davam brinquedos.
❼ *Lepidina*: Gaius jogava um pouco de água em seu filho.
  Gaius: Seu nome é Gaius Castor.
❽ *Lepidina*: Os dois bebês estavam usando pingentes de ouro.
❾ *Rufus*: Uma espada de madeira era meu presente.
  Pandora: Você estava sendo amigável.
❿ *Lepidina*: Eram dias maravilhosos.
  Pandora: Eu adoro bebês! Talvez um dia serei mãe...

NB O nome Charisa é derivado da palavra grega χάρις, que significa "graça". Castor é um dos gêmeos da mitologia clássica, conhecidos como dióscuros, Castor e Pólux. Eles eram também uma constelação que guiava os marinheiros.

 DESCUBRA A GRAMÁTICA

Verbos no pretérito imperfeito que aparecem na história em quadrinhos:

1º quadrinho	*veniebant*	vinham
2º quadrinho	*tenebat*	segurava
3º quadrinho	*spargebat*	jogava
4º quadrinho	*dabant*	davam
5º quadrinho	*volebat*	queria
6º quadrinho	*reveniebant*	voltavam
	dabant	davam
7º quadrinho	*spargebat*	jogava
8º quadrinho	*gerebant*	estavam usando

Exemplos do pretérito imperfeito do verbo *esse*:

2º quadrinho	*erat*	era
4º quadrinho	*erant*	estavam
5º quadrinho	*erat*	era
	erat	era
9º quadrinho	*erat*	era
	eras	(você) estava sendo
10º quadrinho	*erant*	eram

 RAÍZES LATINAS

1 <u>Octógono</u>, de *octo*, o numeral oito. Uma figura geométrica com oito lados.
2 <u>Infantil</u>, de *infans*, criança pequena. Típico de crianças pequenas.
3 <u>Tenaz</u>, de *tenere*, segurar. Que apresenta resistência.

Notícias de Roma: A Chegada de um Bebê

Os sete dias seguintes ao nascimento de um bebê eram usados na preparação do dia da purificação (*dies lustricus*). Tratava-se de uma cerimônia em que a família tinha a chance de comemorar a chegada de um bebê, pedir por seu desenvolvimento seguro, além de dar nome a ele. Muitas divindades menores em Roma eram conhecidas como as responsáveis por cuidar das crianças recém-nascidas.

Embora os cidadãos nascidos livres normalmente tivessem três nomes, muitas pessoas na Bretanha tinham apenas dois e, em alguns casos, somente um.

História em Quadrinhos

É HORA DE IR PARA CASA (p. 67-68)

❶ Toda a família voltava para casa.
   Lepidina: Adeus, Flavia! Cuide de seus lindos gêmeos!

❷ *Candidus*: Flavius e um amigo, chamado Brocchus, estavam saindo para a caça. Eu também estava lá.

❸ *Pandora*: O que você estava fazendo?
   Candidus: Eu carregava as lanças de caça e as redes.

❹ *Candidus*: Nós cavalgávamos para as florestas. Muitos cães estavam lá conosco.

❺ *Candidus*: Os cães de lontra estavam farejando lebres e uivando.

❻ *Candidus*: Os galgos corriam muito rapidamente. Esses cães eram maravilhosos.

❼ *Candidus*: Havia um javali enorme nas florestas.

❽ *Candidus*: Flavius e Brocchus procuravam o javali, mas em vão.

❾ *Candidus*: Finalmente sete perdizes, cinco lebres e um cervo estavam mortos.

❿ *Flavius*: O dia estava ótimo.
   Brocchus: Sim. Silvanus estava lá conosco.

 DESCUBRA A GRAMÁTICA

Verbos no pretérito imperfeito que aparecem na história em quadrinhos:

1º quadrinho	*reveniebat*	voltava
2º quadrinho	*discedebant*	estavam saindo
	aderam	(eu) estava
3º quadrinho	*faciebas*	(você) estava fazendo
	portabam	(eu) carregava
4º quadrinho	*equitabamus*	cavalgávamos
	aderant	estavam
5º quadrinho	*olfaciebant*	estavam farejando
	ululabant	estavam uivando
6º quadrinho	*currebant*	corriam
	erant	eram
7º quadrinho	*erat*	havia
8º quadrinho	*petebant*	procuravam
9º quadrinho	*erant*	estavam
10º quadrinho	*erat*	estava
	aderat	estava

Verbos compostos do verbo *esse*:

1 ele/ela estava lá
2 estávamos debaixo
3 eles eram capazes
4 sobrevivíamos
5 você estava longe
6 eu estava dentro
7 vocês estavam lá
8 ele/ela estava no comando
9 estávamos longe
10 ele era capaz

 RAÍZES LATINAS

1 <u>Canino</u>, de *canis*, cachorro. Relativo a cão ou próprio de cão.

2 <u>Importar</u> e <u>exportar</u>, de *portare*, carregar, mais as preposições *in* (para dentro) e *ex* (de fora). Levar produtos a outros países e trazer produtos de outros países.

3 <u>Cuidador</u>, de *curare*, tomar conta. Que toma conta de um doente.

Notícias de Roma: Caça

■ Brocchus é Aelius Brocchus, um amigo de Flavius cuja esposa, Claudia Severa, convidou Lepidina para sua festa de aniversário no capítulo 1 do primeiro volume de *Minimus*. Os dois casais parecem ter sido bons amigos; há muitas cartas trocadas tanto entre os dois homens quanto entre as duas mulheres. Além do famoso convite de aniversário, Brocchus convidou Flavius e Lepidina para se juntar a eles na celebração do ano-novo. Tudo indica que Brocchus foi comandante no forte em

Briga, que provavelmente estava no lugar onde hoje é Kirkbride. De qualquer maneira, trata-se de um lugar que não pode ser muito longe de Vindolanda. Brocchus construiu um altar dedicado a Diana enquanto comandava um regimento de cavalaria em Panonia. Disso se pode deduzir que ele foi para as guerras dácias e que, portanto, foi promovido a comandante da cavalaria. Ele é um dos poucos nomes de Vindolanda que aparecem em outros lugares.

- Existe na Inglaterra um altar dedicado a Silvanus. Ele foi construído para comemorar a morte de um "javali de tamanho incomensurável", que ninguém mais teria sido capaz de matar.

- O geógrafo Strabo refere-se à Bretanha como um local cheio de raças diferentes de cachorros. As tabuletas de Vindolanda deixam claro que a caça era uma atividade extremamente popular no norte da Bretanha naqueles tempos. Então não é estranho que Flavius, mesmo tendo se mudado para Eboracum e deixado o Exército, tenha, assim como Brocchus, a oportunidade de continuar com seu hobby favorito.

- Arriano dá descrições detalhadas de vários cães de caça. As duas raças citadas na história (cão de lontra e galgo) são ambas mencionadas nas tabuletas de Vindolanda. Os cães de lontra eram conhecidos por sua habilidade de farejar trilhas de animais, mas também eram feios e barulhentos. Arriano diz: "Entre os celtas, há uma famosa comparação entre esses cães e os pedintes por causa de sua voz miserável e fúnebre..".. "Os cães de lontra são habilidosos em farejar trilhas de animais. Eles latem ou uivam, incontrolavelmente, sobre a trilha quando a encontram. Em relação à sua aparência, são feios e desengonçados – quanto mais pura a raça, mais feios".

Os galgos são famosos por sua velocidade. Arriano tinha uma fêmea de galgo muito amada chamada Frontida. Ele descreve essa raça assim: "Os cães celtas mais rápidos são chamados galgos. Não há nada mais encantador de se olhar do que a forma e a aparência de um cão bem-criado dessa raça".

 PALAVRAS PARA LEMBRAR

SUBSTANTIVOS

dies (m): dia

gladius (m): espada

nomen (n): nome

villa (f): casa

VERBOS

abesse: estar ausente

adesse: estar presente

amare: amar

dare: dar

esse: ser / estar / existir / haver

petere: procurar

portare: carregar

posse: ser capaz de

venire: vir

ADVÉRBIOS

fortasse: talvez

olim: uma vez (passado), um dia (futuro)

postridie: no dia seguinte

Atividades Sugeridas

DEBATE

- Discutir os costumes romanos associados com o dia do nascimento e com dar nome aos bebês. Compará-los com diferentes cerimônias que acontecem hoje em dia nas religiões que possuem representantes na sala. Os alunos podem debater os significados de vários rituais e encontrar semelhanças ou diferenças entre eles. Os alunos que tiverem participado de algum evento religioso há pouco tempo devem fazer um breve relato para a sala.

- Discutir a respeito da *bulla* romana, o que pode levar a uma discussão mais ampla a respeito das diferenças entre religião, tradição e superstição.

ARTE

- Pintar ou desenhar as duas diferentes raças de cães de caça.

- Fazer um friso da sala, desenhando todos os animais que se encontraram até agora nos dois livros do *Minimus*. Cada animal deve ser identificado com seu nome em latim.

PORTUGUÊS

- **Debate:** a segunda história pode levar a um debate sobre a caça. Quaisquer que sejam os pontos de vista dos alunos a respeito do assunto, eles devem saber como a caça era popular entre os romanos. Plínio escreveu a um amigo (II.8) que o invejava por ele ter tempo de ler, pescar e caçar, enquanto "via seu trabalho aumentando dia após dia.."..

■ Na primeira história, os alunos encontraram os numerais latinos *duo* e *octo*. Na segunda história, eles encontraram *unus, quinque* e *septem*. Utilizando a lista a seguir, dos numerais de um a dez, faça uma competição para ver quem da sala encontra o maior número de palavras em português derivadas dos numerais latinos. Outra alternativa é dividir a sala em pequenos grupos; cada grupo escolhe um numeral latino, dentre cartões numerados (veja a folha de atividades XXXIV), e tenta encontrar palavras derivadas dele. Os resultados podem se transformar em cartazes.

1 *unus/ una/ unum*

2 *duo/ duae/ duo*

3 *tres/ tria*

4 *quattuor*

5 *quinque*

6 *sex*

7 *septem*

8 *octo*

9 *novem*

10 *decem*

NB Apenas os numerais *unus, duo* e *tres* são variáveis.

Respostas das Folhas de Atividades

FOLHA DE ATIVIDADES XXXVI

Aconselhamos o professor a aumentar o números de cartões para este jogo.

10 Aprilis
Idas e Vindas

- **Assunto:** escravidão
- **Conteúdo de gramática:** particípios
- **Material:** folhas de atividades de XXXVII a XXXIX

História em Quadrinhos

BARATES VEM ÀS COMPRAS (p. 71-72)

❶ *Barates*: Estou sozinho. Estou infeliz. Quero comprar uma nova escrava.
Barates está procurando Flavius.

❷ Chamado até o átrio, Flavius se apressa o máximo que pode.
Flavius: Olá, amigo! O que você quer?

❸ *Barates*: Olá! Quero comprar Pandora. Quanto custa?

❹ *Flavius*: Oh! Candidus, procure Pandora!
Enviado por seu senhor, Candidus se apressa para fora do átrio.

❺ Trazida até o átrio, Pandora observa Barates. Pandora ri.

❻ *Flavius*: Pandora é cuidadosa. Pandora é uma ótima cabeleireira e canta docemente. Por isso Pandora é cara/ querida.

❼ *Flavius*: Eu quero duzentos denários. Está bom para você?
Barates: Está bom para mim.

❽ *Flavius*: Ótimo! Corinthus, prepare uma tabuleta!
Solicitado por seu senhor, Corinthus escreve as condições na tabuleta.

❾ Comprada por Barates, Pandora agora está aflita.
Corinthus e *Candidus*: Não tenha medo! Barates é amigável.

❿ Mas Corinthus e Candidus estão muito tristes.

 DESCUBRA A GRAMÁTICA

Particípios:

2º quadrinho	*vocatus*	chamado
8º quadrinho	*iussus*	solicitado
9º quadrinho	*empta*	comprada

 RAÍZES LATINAS

1 Missionários, de *mittere*, enviar, do particípio missus. Quem recebeu determinada tarefa a ser cumprida.

2 Espetáculos, de *spectare*, assistir ou ver. Note também que *spectaculum* é ainda mais próximo da palavra, assim como *spectator* é quase "espectador". Aquilo a que se assiste ou que se vê.

NB A folha de atividades XXXVIII pede que os alunos encontrem quantos derivados eles conseguirem de quatro particípios latinos: *scriptus*, *ductus*, *missus* e *positus*.

Informações Contextuais: O Comércio de Escravos

Já havia comércio de escravos na Bretanha antes mesmo de os romanos invadirem o lugar. Cícero, ao escrever para seu amigo Ático em 54 a.C., afirma: "O resultado da invasão da Bretanha é esperado com ansiedade... mas agora nós sabemos que não há vestígio de prata na ilha e que a única chance de pilhagem é a de escravos – e imagino que você tenha a esperança de encontrar, entre eles, alguma genialidade em literatura ou música!". (*ad Atticum* IV.16,7)

O geógrafo Strabo também lista escravos entre as exportações britânicas: "A ilha produz milho, gado, ouro, prata, ferro. Tudo isso é exportado, juntamente com couros, escravos e cachorros úteis para a caça". (*Geographia* IV.5,1-2)

Os escravos podiam ser comprados tanto por meio de negociação pessoal quanto em um mercado de escravos. Nos mercados, os escravos deviam ficar expostos em uma plataforma. Letreiros ao redor de seus pescoços mostravam os nomes, as nacionalidades e as habilidades de cada um deles. Além disso, Plínio, o velho, nos conta: "O giz mais barato é aquele que usamos para marcar a linha de chegada nas corridas e para branquear os pés de escravos estrangeiros nos leilões" (*Naturalis historia* XXXV). Na ausência de qualquer referência a essa prática na bretanha romana, isso não foi retratado nas histórias em quadrinhos. Mas é muito provável que práticas semelhantes tenham ocorrido por lá, e os alunos podem se interessar por esses detalhes.

Assim como escravos nacionais, os "importados" também apareciam com muita frequência nos mercados. Correntes, tanto de usar no pescoço quanto de usar nos tornozelos, foram encontradas na Bretanha.

QUANTO CUSTA?

É quase impossível determinar quanto valeria um escravo nos dias de hoje. Parece que as mulheres eram mais baratas que os homens. Os escravos jovens e saudáveis deviam custar mais, assim como os letrados ou os habilidosos, como Pandora. No ano 129 d.C., há indícios de que uma escrava de 25 anos foi vendida por 1.200 sestércios. Isso equivale a trezentos denários, o que representava um ano de pagamento dos soldados das legiões. Barates é um comerciante de sucesso, então ele pode pagar um bom preço por Pandora. Por duzentos denários, ela é um investimento caro – quão bom foi o investimento, só descobriremos no final do último capítulo.

História em Quadrinhos

PRECISA-DE UMA ESCRAVA (p. 74-75)

❶ *Lepidina*: Eu preciso ter uma nova escrava.
Flavius: Devemos nos apressar até o mercado.
Flavius e Lepidina saem o mais rápido que podem.

❷ Flavius vê escravos presos por correntes.

❸ Lepidina vê escravas colocadas em uma plataforma.

❹ Os escravos e as escravas estão usando cartazes.

❺ Lepidina lê as palavras escritas nos cartazes.

❻ *Vendedor de escravos*: Esta escrava é espanhola. Ela dança muito bem!

❼ *Vendedor de escravos*: Esta escrava é grega. Ela conhece a língua latina!

❽ *Vendedor de escravos*: Vejam! Esta escrava é alemã. Ela cozinha habilmente e canta docemente e...
Lepidina: Basta! A escrava alemã está boa para mim.

❾ Flavius e o vendedor de escravos acertam o preço. Entregue a Flavius, a escrava ri com timidez. Eles voltam para casa.

❿ *Flavius*: Candidus! Corinthus! Rufus! Esta é a nova escrava. Ela é Trifosa.
Corinthus e *Candidus*: Oh! A vida está melhor...

■ Peça aos alunos que pensem sobre por que Lepidina escolheu a escrava germânica. Há muitas possíveis razões para isso, mas lembre aos alunos que Flavius e sua família são batavos e vêm da fronteira Alemanha-Holanda. Lepidina ficará satisfeita por ter uma escrava que venha de sua terra e com quem possa falar sua língua nativa.

DESCUBRA A GRAMÁTICA

Enfatize que os particípios, como os adjetivos, devem concordar em caso (assim como em gênero e número) com o substantivo a que se referem. No segundo quadrinho, por exemplo, *servos* está no acusativo, porque esse termo é objeto do verbo; portanto o particípio *vinctos* também está no acusativo.

Particípios

3º quadrinho *positas* descreve *ancillas* (feminino, plural, acusativo)

5º quadrinho *scripta* descreve *verba* (neutro, plural, acusativo)

9º quadrinho *tradita* descreve *ancilla* (feminino, singular, nominativo)

Palavras para lembrar

SUBSTANTIVO

vita (f): vida

VERBOS

emere: comprar

festinare: apressar-se

PARTICÍPIOS

missus: enviado

positus: colocado

traditus: entregue

vinctus: preso

ADJETIVOS

melior/ melius melhor

novus/ a/ um novo(a)

solus/ a/ um sozinho(a)

Atividades Sugeridas

TEATRO

- Criar o ambiente de um mercado de escravos. Escrever um breve diálogo em português. Usar o maior número possível de detalhes retirados da história em quadrinhos (por exemplo, a plataforma, os cartazes, o vendedor de escravos astuto, aquele que escreve os termos do acordo, o preço, a negociação, a marcação com giz nos pés).

- Trabalho em grupos. Um aluno faz Barates, um faz Pandora, um faz Lepidina e outro, Rufus. Escrever e encenar um diálogo em que cada personagem reflita sobre o que significa a venda de Pandora para ele ou ela.

HISTÓRIA

- Discutir o sistema romano de escravos. Os alunos podem pesquisar sobre o mercado de escravos na Bretanha ou na América e encontrar semelhanças entre todos esses sistemas. Pode-se incluir uma discussão sobre trabalho infantil e sua exploração em alguns países.

Respostas das Folhas de Atividades

FOLHA DE ATIVIDADES XXXIX

Para praticarem mais o alfabeto grego, os alunos podem escrever os nomes das deusas utilizando as letras gregas.

Hera – Ἥρα

Atena – Ἀθηνη

Afrodite – Ἀφροδιτη

11 Maius
Madeira Virando Pedra

- **Assunto:** o trabalho de construção em Eboracum
- **Conteúdo de gramática:** revisão – partes do verbo
- **Material:** folhas de atividades de XL a XLIII

História em Quadrinhos

O NOVO QUARTEL-GENERAL (p. 77-78)

❶ *Flavius*: Veja! Os carregadores estão levando as pedras, cortadas nas pedreiras.

❷ *Flavius*: Então os operários pegam as pedras, carregadas nas carroças.

❸ *Flavius*: Eu e o arquiteto projetamos o novo quartel-general. É uma construção enorme.

❹ *Flavius*: Enquanto isso, os engenheiros inspecionam a terra.

❺ *Rufus*: O que é essa máquina?
Flavius: É uma groma. Os engenheiros estão conferindo o projeto.

❻ *Flavius*: Veja! Os operários estão nivelando a terra.

❼ *Flavius*: Veja! Os escultores estão esculpindo as colunas.

❽ *Rufus*: Mas os operários estão parados. Eles são preguiçosos! Estão bebendo cerveja!

❾ *Flavius*: Trabalhem duro!

❿ Solicitados por Flavius, os operários começam a trabalhar de má vontade.

 DESCUBRA A GRAMÁTICA

PARTICÍPIOS

1º quadrinho *secta*, de *secare* (cortar), concorda com *saxa*, neutro plural

2º quadrinho *tracta*, de *trahere* (carregar), concorda com *saxa*, neutro plural

10º quadrinho *iussi*, de *iubere* (solicitar), concorda com *operarii*, masculino plural

INFINITIVO

laborare (trabalhar) no 10º quadrinho

IMPERATIVO

laborate, imperativo plural de *laborare* (trabalhar), no 9º quadrinho

 RAÍZES LATINAS

1 <u>Dissecando</u>, de *secare*, cortar. Cortando, seccionando as partes de um sapo.

2 <u>Incipiente</u>, de *incipere*, começar. Que inicia, que está no começo.

3 <u>Mediterrâneo</u>, de *medius*, meio, e *terra*, terra. As pessoas no Mundo Antigo pensavam que o Mediterrâneo era o centro da Terra.

Notícias de Roma: O Trabalho de Construção em Eboracum

Há, obviamente, muitas dificuldades para se determinar a aparência dos quartéis romanos e mesmo dos fortes militares. Depois que os primeiros romanos construíram na Bretanha, houve também construções posteriores não só de outros romanos mais tardios, como também de normandos nos tempos medievais.

Depois do começo do século II, os fortes e as fortalezas romanos adquiriram uma forma rigidamente padronizada, o que nos permite reconstruir com certa fidelidade o provável visual das construções dessa época, como era o caso da fortaleza de Eboracum.

Arqueólogos contam que os quartéis ficavam na região central das fortalezas e que eram margeados por colunas em três lados. Além disso, há ruínas que nos permitem imaginar as dimensões das sequências de colunas. Calcula-se que elas tinham mais de vinte metros de altura. Os quartéis militares eram o centro administrativo de toda a legião. Parece que havia um santuário no lugar onde ficavam guardados os estandartes da legião e que, abaixo do edifício, havia uma tesouraria onde o pagamento dos soldados ficava guardado.

Para traçarem linhas retas nas estradas romanas e nos edifícios da época, os engenheiros usavam um instrumento chamado groma. Tratava-se de um mastro vertical com uma cruz transversal na ponta. Das pontas de cada uma das quatro hastes da cruz, pendiam ponteiras que, para ficarem pesadas, eram feitas de chumbo ou bronze. O assistente do engenheiro segurava o mastro a certa distância e o movia para a direita e para a esquerda, até que o engenheiro enxergasse duas das ponteiras alinhadas. Há um desenho da groma na folha de atividades XLI.

História em Quadrinhos

ALGUNS CONSTRUTORES SÃO MELHORES QUE OUTROS... (p. 80-81)

❶ O forte de madeira foi destruído. Agora alguns soldados constroem um forte de pedra.

❷ Todos os brigantes estão de pé, espantados.
Brigantes: O forte é sólido.

❸ Outros soldados constroem um portão imenso.

❹ Os soldados têm o desenho, feito em uma tábua.

❺ Um ótimo escultor, solicitado por Flavius, começa a esculpir a inscrição.

❻ Os soldados levantam pedras enormes. Os brigantes observam o admirável guindaste.

❼ *Flavius*: Tomem cuidado, soldados! Céus! As pedras não estão no lugar certo.

❽ De repente os soldados deixam cair uma pedra. É um barulho imenso!

❾ *Rufus*: Veja! Aqui está um pequeno rato, quase atingido pela pedra.

❿ Rufus salva o rato.
Rufus: Oba! O rato está vivo!

 DESCUBRA A GRAMÁTICA

1º quadrinho *deletum* (neutro, concorda com *castellum*), de *delere*, destruir

4º quadrinho **pictam** (feminino, concorda com *descriptionem*), de *pingere*, pintar / desenhar

5º quadrinho *iussus* (masculino, concorda com *sculptor*), de *iubere*, solicitar

9º quadrinho *percussus* (masculino, concorda com *mus*), de *percutere*, atingir

 RAÍZES LATINAS

1 <u>Percussão</u>, de *percutere*, atingir. Instrumentos que, para emitirem sons, precisam ser percutidos.

2 <u>Lapidário</u>, de *lapis*, pedra. Quem trabalha com pedras.

3 <u>Edifício</u>, de *aedificare*, construir. A Catedral da Sé é uma construção magnífica.

Mito Grego

O mito é do livro IX da *Odisseia*, de Homero.

 PALAVRAS PARA LEMBRAR

SUBSTANTIVOS

porta (f): portão

principia (n pl): quartel-general

VERBOS

aedificare: construir

bibere: beber

habere: ter

inspicere: inspecionar

servare: salvar

stare: estar de pé

ADJETIVOS

invitus/ a/ um: de má vontade

parvus/ a/ um: pequeno(a)

vivus/ a/ um: vivo(a)

Atividades Sugeridas

PORTUGUÊS

■ Imaginar ser um repórter de TV ou de rádio e vir visitar o canteiro de obras em Eboracum. Entrevistar quem estiver por perto, os soldados e o arquiteto, sobre o progresso dos trabalhos. Pode haver alguém de fora que não queira dar entrevistas ou não queira os romanos por lá.

Outras pessoas, porém, podem ser amigáveis, por compreenderem as invasões romanas como uma forma de trazer melhorias para o lugar. Fazer uma reportagem.

GEOGRAFIA

- Pesquisar os tipos de pedras disponíveis na época para os soldados. Onde ficavam as pedreiras locais? Como será que as pedras eram transportadas? Quanto tempo levava uma única viagem entre a pedreira e o canteiro de obras?

MATEMÁTICA

Medidas romanas

Libra (medida de peso romana): aproximadamente 328 g. Era dividida em 12 *unciae*.

Sextarius (medida para líquidos ou para milho): aproximadamente 640 mL.

Pes (medida de comprimento romana): aproximadamente 30 cm. Era dividido em 12 *unciae*.

Mille passus (uma milha romana): aproximadamente 1540 m.

- Medir sua classe utilizando o *pes* romano. Converter para milhas romanas a distância entre sua casa e a escola. Converter para libras romanas uma receita. A folha de atividades XL traz mais ideias de atividades de medidas.

INFORMÁTICA

- Fazer uma tabela comparando as medidas brasileiras com as romanas.

ARTE

- Utilizar a folha de atividades XLI para fazer uma groma.

Respostas das folhas de atividades

FOLHA DE ATIVIDADES XLII

1 *principia* quartel-general
2 *vallum* muro
3 *fossa* trincheira
4 *officina* oficina
5 *balnea* banhos
6 *praetorium* casa do comandante
7 *valetudinarium* hospital
8 *via decumana*
9 *via principalis* ⎫ as principais ruas do forte
10 *via praetoria* ⎭
11 *horrea* celeiros
12 *contubernia* alojamentos
13 *latrina* banheiro

FOLHA DE ATIVIDADES XLIII

1 Olha o Minimus!
2 Olha a Minima!
3 Minimus observa Minima.
4 Minima fica com vergonha.
5 Minima observa Minimus.
6 Minima carrega o queijo.
7 Minima deixa o queijo cair.
8 Minimus ajuda Minima.
9 Minimus e Minima comem o queijo.

12 Iunius
Tudo Muda para Pandora

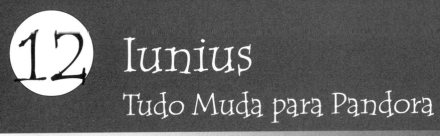

- **Assunto:** religião
- **Conteúdo de gramática:** revisão
- **Material:** folhas de atividades de XLIV a XLVI

História em Quadrinhos

LIBERDADE! (p. 84-85)

1. Barates convida a família para o jantar.
   Barates: Entrem! Vocês são muito bem-vindos!
2. *Barates:* Está bom para mim libertar Pandora. Pandora, sente-se comigo!
3. *Barates:* Quero que vocês sejam testemunhas. Estou libertando Pandora.
   Família: Sim. Oba!
4. Tornada livre, Pandora está felicíssima.
5. *Lepidina:* Trifosa, Pandora agora está livre. Você precisa trazer a comida.
6. Trifosa, tímida, traz a comida.
7. De repente Trifosa deixa cair a comida.
   Trifosa: Céus! Está uma sujeira em todo lugar.
8. Trifosa está chorando. Corinthus e Candidus ajudam Trifosa.
9. *Pandora:* Não chore! Eu também era tímida. Você será uma ótima escrava.
10. Enquanto isso, Vibrissa, Minimus e Minima comem a comida.

 DESCUBRA A GRAMÁTICA

(O número entre parênteses mostra em que quadrinho a palavra aparece)

Pronomes pessoais: *vos* (3), *ego* (9), *tu* (9). Os alunos também podem trazer *mihi* (2) e *tibi* (5). Caso seja necessário, vale a pena chamar a atenção para essas formas dativas.

Imperativo singular: *conside!* (2).

Imperativo plural: *intrate!* (1).

Imperativo negativo: *noli lacrimare!* (9).

Infinitivos: *liberare* (2), *esse* (3), *offerre* (5), *lacrimare* (9).

Particípio: *facta* (4).

Verbo composto: um dos que seguem – *offerre* (5), *importat* (6), *adiuvant* (8).

Pretérito imperfeito: *eram* (9).

 RAÍZES LATINAS

1. Testemunhar, de *testis*, testemunha. Dar evidências sobre algum acontecimento.
2. Esquálido, de *squalor*, sujeira. Imundo, desarrumado, descuidado.

Notícias de Roma: Libertando Escravos

Como Barates é um amigo da família, ele tem o direito de libertar Pandora sem muitas formalidades.

História em Quadrinhos

A FESTA CONTINUA (p. 87-88)

1. Candidus e Trifosa estão cozinhando outro jantar.
   Candidus: Você cozinha muito bem.
   Trifosa fica com vergonha.
2. *Barates:* Quero que vocês sejam testemunhas. Quero que Pandora seja minha esposa.
3. *Barates:* Pandora, veja! Este anel é para você.
   Barates entrega um anel de bronze.
4. *Pandora:* Muito obrigada. Como você é amigável!
5. Imediatamente Pandora coloca o anel em seu terceiro dedo/ no dedo anular.
   Barates: Eu sou seu noivo e você é minha noiva.

42 | Minimus Secundus – Livro do Professor | 12 Iunius: Tudo Muda para Pandora

❻ *Barates*: E este é outro presente.
Barates entrega um leque.
❼ *Pandora*: Como sou sortuda!
Corinthus e *Candidus* (sussurrando):
Que nada! Como Barates é sortudo!
❽ *Flavius*: Nós precisamos brindar. Mais vinho!
Todos: Parabéns! Oba!
❾ Trifosa está dançando muito bem. Corinthus e Candidus estão rindo.
❿ *Minimus*: Minima, vamos festejar! Mas Vibrissa está dormindo.

 RAÍZES LATINAS

1 Italiano: *grazie*. Espanhol: *gracias*.
2 Dedo anular.

Notícias de Roma: Noivado

Os noivados eram tão comuns que Plínio os incluía entre as muitas frivolidades que se acumulavam em seu tempo. "É curioso como o raciocínio faça ou pareça fazer sentido na cidade a cada dia e não faça sentido em muitos e consecutivos dias. Se você perguntar a alguém 'O que você fez hoje?', ouvirá como resposta 'Participei da cerimônia de dezessete anos, fui a um noivado e a um casamento!'". (*Cartas* I.9)

Nossas evidências dessas cerimônias, assim como de muitos aspectos tratados em *Minimus*, costumam ser descrições do que acontecia na própria Roma. Apesar disso, é mais do que provável que as pessoas nas províncias imitassem, deliberadamente, os costumes da capital. Na verdade, Tácito corrobora isso em *Agricola*: "Foi assim que um povo, depois de primeiro rejeitar o latim, tomou interesse de falar essa língua de maneira fluente. Da mesma maneira, nosso vestuário tornou-se popular e a toga entrou na moda. Aos poucos, os bretões foram se desnorteando. Eles ficaram tentados a adotar certos vícios, como os pórticos, os balneários e os grandiosos banquetes. Os nativos incultos falam dessas novidades como se fossem a 'civilização', quando, na verdade, são parte de sua escravização!" (*Agricola*, 21).

 PALAVRAS PARA LEMBRAR

SUBSTANTIVOS
anulus (m): anel
liberta (f): livre
uxor (f): esposa

VERBO
tradere: entregar

ADVÉRBIO
interea: enquanto isso
mecum: comigo

Atividades Sugeridas

DEBATE

■ Pandora é realmente sortuda? Provavelmente os alunos vão falar das idades ou origens diferentes de Pandora e Barates e, talvez, do fato de que Barates fora senhor de Pandora. No entanto, essa é provavelmente a melhor chance que ela tem de escapar da escravidão, em segurança e em uma família que seja sua. Você poderia comentar que libertar escravos era uma prática bastante comum no mundo romano, diferentemente do que aconteceu em outros períodos da História.

HISTÓRIA

■ Pesquisar sobre a posição das mulheres no mundo antigo e discutir esse assunto.

Conheça a Família Agora

I

Nome: _____ Data: _____

Pinte a figura da família e escreva os nomes de todos. Se você se lembra dos personagens do primeiro livro do *Minimus*, você acha que eles mudaram depois de cinco anos? Quem é o novo membro da família, à direita? Você descobrirá no capítulo 3.

Capítulo 1

O Enfeite de Cabeça dos Cavalos

II

Nome: _____ Data: _____

Complete e pinte este desenho do enfeite que o cavalo de Flavius estava usando no desfile.

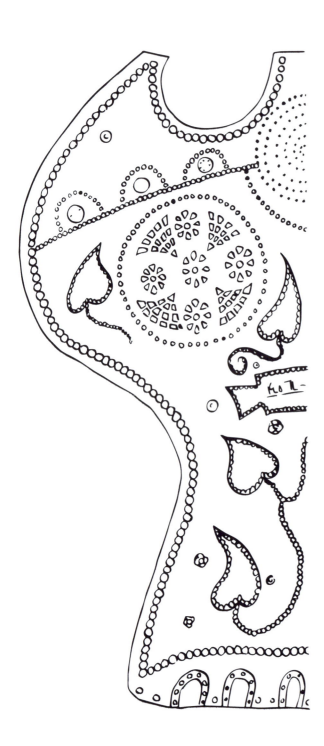

Capítulo 1

A Prática Leva à Perfeição

III

Nome: _____ Data: _____

O Tempo Presente

Traduza as frases a seguir para o português.

Abaixo, estão alguns verbos para ajudar você. Lembre-se de que você pode trabalhar com centenas de verbos em latim, já que agora você conhece as seis terminações!

Exemplo: **appropinquamus** significa "nós nos aproximamos" ou "nós estamos nos aproximando".

1 rodit _____
2 mugimus _____
3 serpitis _____
4 conculcat _____
5 stertunt _____
6 rodunt _____
7 conculcas _____
8 balbutis _____
9 balbutimus _____
10 serpo _____
11 mugio _____
12 stertis _____

rodo eu estou roendo   **conculco** eu esmago   **mugio** eu estou mugindo
sterto eu ronco   **serpo** eu rastejo   **balbutio** eu gaguejo

O Verbo Sum

Usando as informações do capítulo 1, traduza para o latim:

1 nós somos _____
2 ela é _____
3 eu sou _____
4 você é _____
5 eles são _____
6 vocês são _____
7 Eu sou Flavius. _____
8 Você é Pandora. _____
9 Nós somos Minimus e Vibrissa. _____
10 Eles são soldados. _____
11 Vocês são Candidus e Corinthus. _____
12 Ela é Lepidina. _____

Capítulo 1

O Verbo "Ser" em Várias Línguas Românicas

IV

Nome: _____ Data: _____

A família das línguas românicas é a família das línguas que vieram do latim. Abaixo está conjugado o verbo "ser" em latim e em cinco línguas românicas, faladas em países que um dia fizeram parte do Império Romano.

Latim	*Francês*	*Italiano*	*Espanhol*	*Português*	*Romeno*
Sum	Je suis	Io sono	Yo soy	Eu sou	Eu sunt
Es	Tu es	Tu sei	Tú eres	Tu és	Tu esti
Est	Il est	Lui è	Él es	Ele é	El este
Sumus	Nous sommes	Noi siamo	Nosotros somos	Nós somos	Noi suntem
Estis	Vous êtes	Voi siete	Vosotros sois	Vós sois	Voi sunteti
Sunt	Ils sont	Loro sono	Ellos son	Eles são	Ei sunt

Victoria — Michel — Emilio — Blanca — Diego — Ileana

Como cada um desses seis personagens poderia se apresentar em sua própria língua? Pesquise como é a bandeira de cada país (França, Itália, Espanha, Portugal e Romênia) e pinte as bandeiras que pertencem ao país de cada um dos personagens. A bandeira de Roma deve ser vermelha com linhas douradas que se cruzam, como no escudo de um legionário.

A Viagem de Iulius para Dácia

Nome: _____ Data: _____

Qual rota você acha que Iulius fez de Vindolanda até Dácia? Desenhe uma linha pontilhada para representar essa viagem. Usando a internet ou livros sobre o Império Romano, pesquise os portos marítimos e as grandes redes de estradas para encontrar pistas.

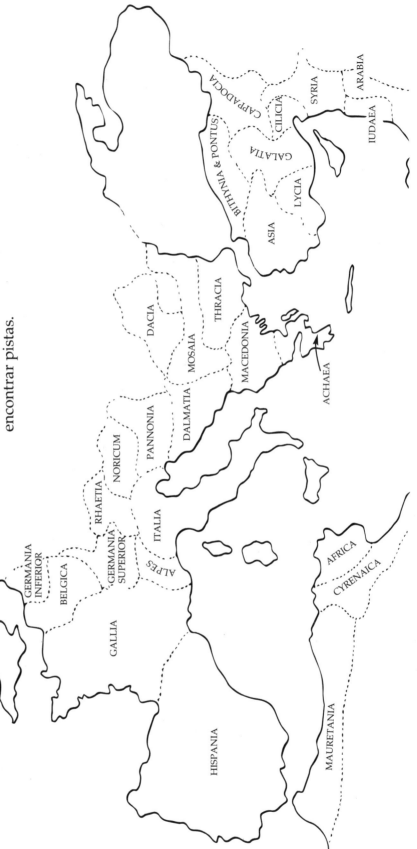

Capítulo 2

A Coluna de Trajano

Nome: _____ Data: _____

O imperador Trajano ordenou a construção de uma gigantesca coluna em Roma. Ela era decorada com uma escultura contínua, em espiral, comemorando suas campanhas vitoriosas em Dácia. O desenho abaixo reproduz uma parte da escultura. Analise o desenho e comente o que está acontecendo nele.

VII O Que Há na Bagagem de Iulius?

Nome: _____ Data: _____

Aqui está uma lista de itens. Quais deles poderiam pertencer à bagagem de um legionário enquanto ele estava em marcha, e quais não estavam disponíveis para um soldado romano? Indique aqueles que poderiam estar na bagagem. Depois de seu professor conferir os itens que você marcou, desenhe os corretos na bagagem que Iulius levará para Dácia.

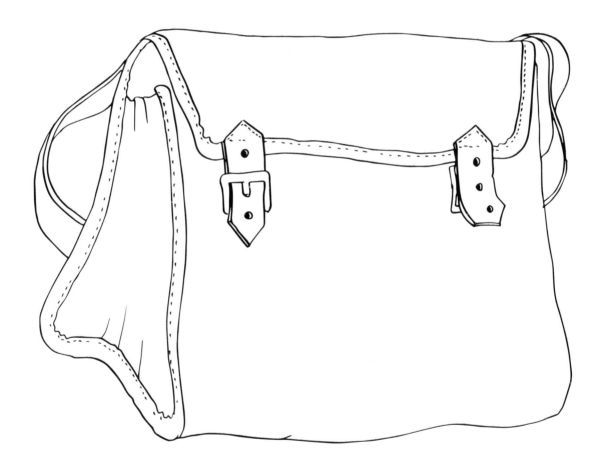

1 sabonete
2 sardinhas enlatadas
3 panelas
4 grãos para fazer mingau
5 meias
6 pá ou picareta
7 estacas de madeira
8 telefone celular
9 sal
10 gorro de lã
11 cartas vindas de casa
12 garrafa de água
13 foto da família
14 frutas secas
15 faca dobrável
16 barra de chocolate

Capítulo 2

Odisseu e as Sirenas

Nome: _____ Data: _____

Faça seu próprio desenho da história.

As Sirenas têm a cabeça de uma mulher e o corpo de uma ave. Com seu canto irresistível, elas atraíam os marinheiros para morrerem nas rochas.	A caminho de casa, voltando da Guerra de Troia, Odisseu teve de navegar perto delas.	Ele estava curioso para ouvir o canto das Sirenas, mas não queria morrer! Ele teve um plano astuto.
Ele fez sua tripulação tampar os próprios ouvidos com cera de abelha, para se protegerem do canto das Sirenas.	Depois, a tripulação de Odisseu prendeu-o firmemente no mastro e remou em direção à rocha das Sirenas.	O canto era tão doce, que Odisseu se contorcia desesperado para pular no mar.
Ele gritou a seus homens para que o desamarrassem, mas eles não podiam ouvi-lo.	Os homens remavam energicamente, até que ficassem seguros, fora do alcance do canto mortal.	As Sirenas ficaram furiosas. Odisseu havia escutado seu canto e ainda sobreviveu!

Capítulo 2

Cidades da Bretanha Romana

IX

Nome: _____ Data: _____

1 _____ agora é _____.
2 _____ agora é _____.
3 _____ agora é _____.
4 _____ agora é _____.
5 _____ agora é _____.
6 _____ agora é _____.
7 _____ agora é _____.
8 _____ agora é _____.
9 _____ agora é _____.
10 _____ agora é _____.
11 _____ agora é _____.
12 _____ agora é _____.
13 _____ agora é _____.
14 _____ agora é _____.
15 _____ agora é _____.
16 _____ agora é _____.
17 _____ agora é _____.
18 _____ agora é _____.
19 _____ agora é _____.
20 _____ agora é _____.

Capítulo 3

Um Jogo da Memória Diferente

Nome: _____ Data: _____

Os grupos a seguir são formados por um verbo latino no presente e no infinitivo e por sua tradução em português. Recorte e misture bem todos os quadrados. Sobre uma superfície lisa, vire todos para baixo, para fazer um jogo da memória, mas não será suficiente encontrar pares: você deverá encontrar trios, que sejam compostos pelo verbo no presente, por sua forma correta de infinitivo e por sua tradução correta em português.

DORMIO 	DORMIRE 	DORMIR 
SPECTO 	SPECTARE 	OLHAR 
CANTO 	CANTARE 	CANTAR 
CONSUMO 	CONSUMERE 	COMER 
CUSTODIO 	CUSTODIRE 	VIGIAR 
CURRO 	CURRERE 	CORRER 

Capítulo 3

Nome: _____   Data: _____

XI

Você vai precisar de um dado e de alguns pinos de plástico.

Capítulo 3

Transporte em Estradas

| XII | Nome: _____ Data: _____ |

Em cada espaço, escreva a palavra certa em latim que representa a figura desenhada. Indique qual tipo de viagem pode ser apropriada para cada uma das formas de transporte.

| asinus | lectica | currus |
| plaustrum | equus | ambulo |

Capítulo 3

Os Trabalhos de Hércules

Nome: _____ Data: _____

Faça uma pesquisa sobre os doze trabalhos de Hércules e faça um desenho para cada um deles nos espaços abaixo.

O leão que não podia ser ferido	A Hidra	A corça com chifres de ouro
O javali gigante	O touro de Creta	Os estábulos do rei Áugias
As aves com penas de bronze	As éguas que comiam pessoas	O cinto da rainha das amazonas
O gado de Gerião, um homem com três corpos	As maçãs das Hespérides	Cérbero, o cão de três cabeças que vigiava a entrada do Hades

Capítulo 4

Trabalho em Grupo: Façam uma Hidra

XIV

Nome: _____ Data: _____

Vocês vão precisar de: arame maleável; espuma; elásticos; tecidos vermelho, verde e branco; meias-calças; tinta verde látex ou spray; papel-alumínio; celofane azul ou verde; galhos ou ramos secos.

1 Curvem um pedaço de arame em um formato aleatório, como se fosse uma serpente. Dobrem a parte inferior do arame, em um círculo, para fazer uma base.

 **2** Envolvam todo o comprimento do arame com espuma. Prendam a espuma no arame utilizando os elásticos.

3 Recortem uma figura oval, de 16 cm por 8 cm, do tecido verde. Isso será a parte de dentro da boca da Hidra.

 **4** Recortem uma língua bifurcada de tecido vermelho. Costurem ou colem a língua no meio da boca dobrada.

5 Modelem a meia para fazer uma cavidade. Insiram nela e costurem ou colem a boca já dobrada.

 **6** Estiquem a meia, com a cabeça, ao longo do arame com a espuma. Pintem de verde, mantendo fechada a boca, enquanto pintam.

7 Costurem ou colem olhos feitos de tecido branco. Desenhem os detalhes dos olhos com uma caneta própria para tecidos.

 **8** Façam um conjunto de cabeças de Hidra (ao menos, nove) e fixem as cabeças em uma base de madeira coberta com papel-alumínio e celofane azul ou verde, para representar o pântano.

9 Acrescentem galhos ou ramos secos e tiras de celofane verde, para representar a floresta morta, envenenada pela respiração da Hidra.

Capítulo 4

Pondo a Mão na Massa – Arqueologia

XV

Nome: _____ Data: _____

Estudando a ocupação romana na Bretanha, os arqueólogos encontram muitas evidências embaixo da terra. Alguns tipos de materiais resistem melhor que outros ao fato de estarem enterrados. Normalmente, pedra, vidro e cerâmica são escavados quase sem alterações; materiais orgânicos, como madeira, tecido e couro, geralmente apodrecem e metais podem corroer ou enferrujar. Alguns mamíferos e invertebrados podem se alimentar de determinados materiais. Fungos e bactérias decompõem substâncias orgânicas, enquanto a água e o oxigênio corroem os metais. A velocidade da decomposição varia de acordo com o meio ambiente e as condições do solo no sítio arqueológico. Solos muito secos e arenosos ou alagados e turfosos podem diminuir consideravelmente o processo de decomposição.

1. garrafa ou copo de vidro
2. porcelana
3. moeda
4. prego
5. restos de solda
6. peça fina de madeira (talvez com alguma coisa escrita nela)
7. papel
8. castanhas ou nozes
9. rolha
10. pena
11. cascas de ovo
12. osso de galinha
13. concha
14. couro
15. tecido natural, como lã
16. mecha de cabelo
17. torradas, uma mais e outra menos queimada

Este experimento é pensado para se analisar o que acontece com diferentes materiais depois de serem enterrados. Registre todas as etapas com anotações e fotos. Descreva o local, faça um catálogo dos materiais, tente imaginar o que vai acontecer com cada um deles e, ao final, confira o que realmente aconteceu.

Abaixo está sugerida uma lista de materiais para este experimento. Acrescente outros que você lembrar!

Coloque os materiais em uma caixa aberta – de preferência em uma caixa de madeira para frutas. Cave um buraco em algum lugar do terreno da escola que não será remexido durante a maior parte do ano. Encha o buraco com terra para cobrir a caixa com os materiais. Lembre-se de demarcar bem claramente o lugar onde a caixa foi enterrada. O ideal é que a caixa seja enterrada em abril ou maio, para ser retirada da terra em setembro ou outubro, mais ou menos seis meses depois de ter sido enterrada.

Capítulo 4

Pondo a Mão na Massa – Arqueologia: Folha de Registros

Nome: _____ Data: _____

Data em que foi enterrado:	Condições do tempo:	Condições do solo:

Data em que foi escavado:	Condições do tempo:	Condições do solo:

Objeto	É orgânico?	O que você acha que vai acontecer com ele?	O que aconteceu com ele?

Recorte um Signifer

XVII

Nome: _____ Data: _____

Pinte o desenho de Lucius Duccius Rufinus, o **signifer**. Cole a imagem em uma cartolina e recorte-a com cuidado.

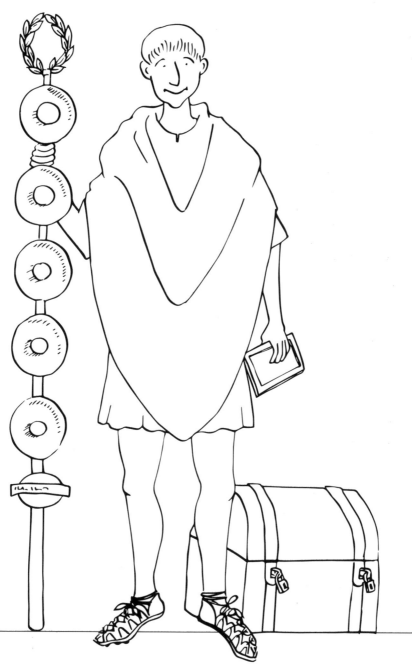

L. DUCCIUS. RUFINUS

Capítulo 5

De Onde Eles Vêm?

XVIII

Nome: _____ Data: _____

Utilize o mapa das províncias romanas (da folha de atividades V) e, com base nas informações dadas nos capítulos de 1 a 5 do *Minimus Secundus*, identifique os personagens à direita e encontre o lugar de onde eles vêm. Recorte as figuras dos personagens e cole-as no lugar certo do mapa. Depois, escreva o nome do personagem e do lugar de onde ele vem.

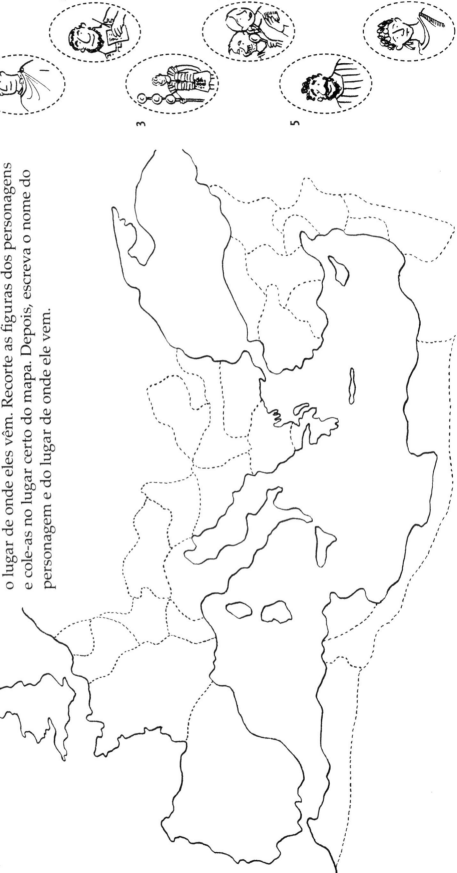

Capítulo 5

Modelo de uma Ponte Romana

Nome: _____ Data: _____

O desenho desta ponte é baseado na ponte que cruza o rio Danúbio, representada na Coluna de Trajano. Pinte as partes da ponte. Depois, cole as partes em uma cartolina, recorte nas linhas pontilhadas e dobre as abas para dentro.

Coloque os dois lados da ponte em pé, com a parte impressa para fora, e cole as abas do pilar no arco contrário.

Depois, cole o caminho sobre os arcos.

Finalmente, cole as peças que sobraram.

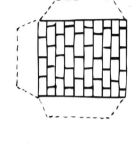

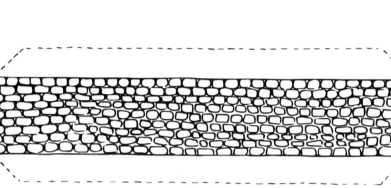

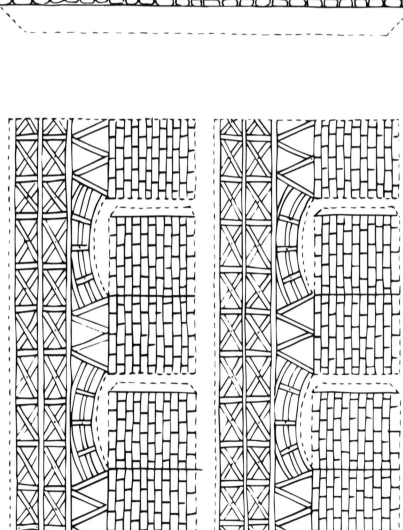

Capítulo 5

Verbos Impessoais

Nome: _____ Data: _____

1 necesse est Duccio stipendium custodire.

_____
_____

2 facile est Duccio signum portare.

_____
_____

3 difficile est Duccio pugnare.

_____
_____

4 Duccio placet phaleras polire.*

_____
_____

5 Duccio licet milites ducere.

_____
_____

* **polire**: polir

Capítulo 5

Cartela do tempo

Nome: _____ Data: _____

Recorte o desenho circular e a alça. Prenda a alça atrás do círculo. Recorte as representações de clima, que têm formas triangulares, e cole cada uma delas na seção correta do círculo.

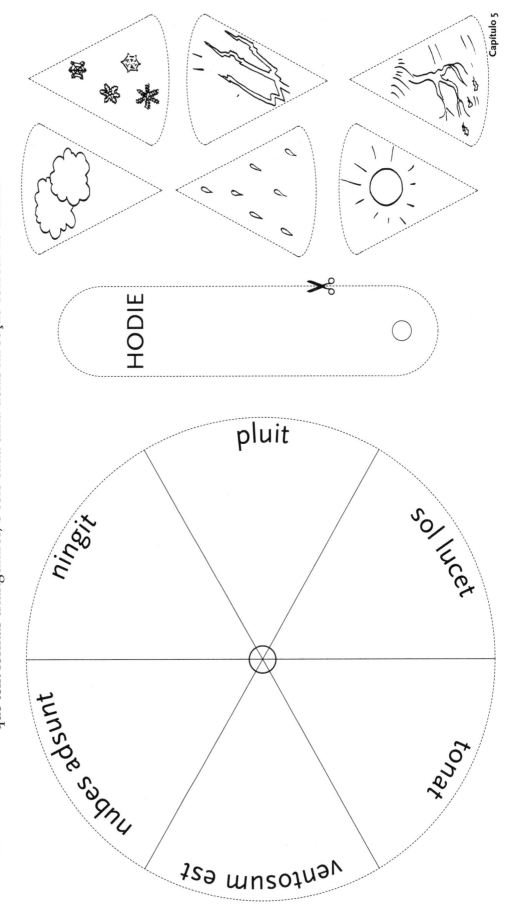

Capítulo 5

Abreviações e Expressões em Latim

Nome: _____ Data: _____

Muitas abreviações ou expressões em latim ainda estão em uso na língua portuguesa. Você consegue descobrir o que significam as abreviações ou expressões abaixo?

1 a.m. _____

2 p.m. _____

3 etc. _____

4 i.e. _____

5 quid pro quo _____

6 e.g. _____

7 ad nauseam _____

8 ad hoc _____

9 sine qua non _____

10 P.S. _____

11 per se _____

12 NB _____

13 pro tem. _____

14 ad lib. _____

Capítulo 6

A Prática Leva à Perfeição

Nome: _____ Data: _____

Abaixo estão escritas algumas outras frases para você praticar seus conhecimentos sobre suas partes. Em cada uma delas, marque um V sobre o verbo, um S sobre o sujeito (ou os sujeitos) e um O sobre o objeto. Depois, traduza as frases para o português. A primeira já está feita como exemplo para você.

    S   **O**   **V**

Lepidina cenam coquit.

Lepidina está cozinhando o jantar.

Agora, resolva estas:

1 Candidus cibum gustat.

_____

_____

2 Flavius et Rufus cibum portant.

_____

_____

3 Corinthus pilleum gerit.

_____

_____

4 Minimus et Vibrissa cibum consumunt.

_____

_____

5 Rufus cibum consumit.

_____

_____

6 Pandora Rufum amat.

_____

_____

Capítulo 6

Os Poemas de Marcial sobre o Festival Saturnalia

Nome: _____ Data: _____

Marcus Valerius Martialis foi um famoso poeta romano da época imperial. Sabemos que ele nasceu na Espanha, como o imperador Trajano, mais ou menos em 40 d.C., e morreu antes do ano 105 d.C. Ele viveu em Roma e escreveu catorze livros de epigramas (poemas curtos, sarcásticos e que normalmente zombavam das vaidades e dos vícios das pessoas). Ele encheu dois livros inteiros com pequenos poemas escritos para o festival chamado Saturnalia. Eles foram pensados para serem como que etiquetas dos presentes de Saturnalia ou das comidas oferecidas aos convidados. Abaixo estão cinco dos epigramas, com traduções e notas. Leia-os e veja se você consegue fazer as correspondências com o latim. Você vai notar que os poemas não rimam. O ritmo da poesia latina era criado a partir de metros que não são usados em português.

pavones miraris, quotiens gemmantes explicat alas, et potes hunc saevo tradere, dure, coquo?	**Pavões** Você se admira cada vez que ele abre suas asas cintilantes e consegue entregá-lo ao cruel cozinheiro, amigo sem coração?

Cozinheiros como Candidus gostavam de assar pavões sempre que podiam.

caseus Lunensis caseus Etruscae signatus imagine Lunae praestabit pueris prandia mille tuis.	**Queijo de Luna** O queijo assinalado com a figura da Luna etrusca servirá de mil almoços a seus escravos.

Os queijos que vinham da cidade etrusca de Luna eram enormes – com mais de 450 quilos. Definitivamente Minimus iria adorá-los!

canis vertragus non sibi, sed domino venatur vertragus acer, inlaesum leporem qui tibi dente feret.	**Cão de caça** Não para si, mas para seu senhor, é que caça o galgo mordaz, que trará a você uma lebre sem qualquer marca de dentes.

Você vai encontrar outros galgos no capítulo 9.

pectines quid faciet nullos hic inventura capillos multifido buxus quae tibi dente datur?	**Pentes** Se não encontrar nenhum cabelo aqui, que fará o pente de madeira, dado a você com muitos dentes?

O pente de madeira de Lepidina está no Museu de Vindolanda.

scrinium selectos nisi das mihi libellos, admittam tineas trucesque blattas.	**Estante de livros** Se você não me der livrinhos selecionados, vou deixar entrar traças e terríveis baratas.

As estantes romanas eram caixas com tampas e compartimentos para evitar que os rolos se amassassem.

Capítulo 6

Mapa do Zodíaco

Nome: _____ Data: _____

Escreva o nome correto de cada um dos signos do Zodíaco nas seções do esquema circular abaixo. Pinte as figuras e recorte o círculo e a seta. Prenda a seta na frente do círculo, de maneira que a seta ainda possa girar. Você pode girar a seta para indicar os signos vigentes ao longo do ano.

Capítulo 7

Quem é Quem?

XXVI

Nome: _____ Data: _____

Caracterize os personagens desenhados acima, usando palavras da tabela abaixo.
Use mais de uma palavra, se for preciso.

(NB Rufus está segurando a menina e Flavius está segurando o menino!)

avia	avunculus	avus	filia
filius	frater	geminus	infans
mater	nepos	gemina	neptis
pater	soror		

Capítulo 7

Imperativo Afirmativo e Negativo

Nome: _____ Data: _____

Na tabela ao fim da página, escolha o comando correto para cada uma das imagens a seguir e escreva-o nos balões.

noli dormire!	noli pugnare!	intra!
cavete!	caseum consume!	exite!
noli stridere!	conside!	noli lacrimare!

Capítulo 7

Prevendo o Futuro

XXVIII

Nome: _____ Data: _____

Em todas as épocas, as pessoas se interessavam em descobrir o que iria acontecer no futuro. Pesquise sobre estas oito maneiras de prever o futuro, quatro romanas e quatro modernas, e faça suas anotações sobre elas nos espaços abaixo.

astrólogo	harúspice
áugure	oráculo

horóscopo diário	bola de cristal
cartas de tarô	leitura das mãos

Capítulo 7

O Alfabeto Grego

Nome: _____ Data: _____

Abaixo está reproduzido o alfabeto grego, em letras maiúsculas e minúsculas. Já estão escritos os nomes de cada umas das letras e seus equivalentes em português. No espaço em branco, pratique escrever as letras gregas.

Α	α	Alpha	a	
Β	β	Beta	b	
Γ	γ	Gamma	g	
Δ	δ	Delta	d	
Ε	ε	Epsilon	ê	
Ζ	ζ	Zeta	z	
Η	η	Eta	é	
Θ	θ	Theta	th	
Ι	ι	Iota	i	
Κ	κ	Kappa	k	
Λ	λ	Lambda	l	
Μ	μ	My	m	
Ν	ν	Ny	n	
Ξ	ξ	Xi	x	
Ο	ο	Omicron	ô	
Π	π	Pi	p	
Ρ	ρ	Rho	r	
Σ	ς	Sigma	s	
Τ	τ	Tau	t	
Υ	υ	Ypsilon	y / u	
Φ	φ	Phi	f	
Χ	χ	Chi	kh	
Ψ	ψ	Psi	ps	
Ω	ω	Omega	ó	

Capítulo 8

Lendo as Letras Gregas

| XXX |

Nome: _____ Data: _____

Utilize o alfabeto da folha XXIX para ajudar você na tarefa de escrever as palavras gregas com as letras de nosso alfabeto. Aqui vai uma dica: as 10 primeiras são todas nomes próprios!

1 Ἡρακλης

2 Ὀδυσσευς

3 Περσεφονη

4 Ἀλεξανδρος

5 Δημητριος

6 Κυκλωψ

7 Ἑλλας

8 Ἀθηναι

9 Παρθενων

10 Πηγασος

11 δραμα

12 ἱπποποταμος

13 ἰδεα

14 ὀρχηστρα

15 καταστροφη

16 διλημμα

17 ῥοδοδενδρον

18 ῥινοκερως

19 ἀσθμα

20 πνευμονια

Capítulo 8

Os Deuses Olímpicos

Nome: _____ Data: _____

Abaixo estão os deuses e as deusas do Olimpo, com seus nomes gregos e romanos. Pesquise quais são suas funções e suas responsabilidades especiais.

Nome grego (em grego)	Nome grego (no alfabeto latino)	Nome romano (em português)	Funções e responsabilidades
Ζευς	Zeus	Júpiter	
Ἥρα	Hera	Juno	
Ποσειδων	Poseidon	Netuno	
Ἁιδης	Hades	Plutão	
Ἀθηνη	Athene	Minerva	
Ἀπολλων	Apollon	Apolo	
Ἀρτεμις	Artemis	Diana	
Ἥφαιστος	Hephaistos	Vulcano	
Ἀφροδιτη	Aphrodite	Vênus	
Ἀρης	Ares	Marte	
Δημητηρ	Demeter	Ceres	
Διονυσος	Dionysos	Baco	
Ἑρμης	Hermes	Mercúrio	

As Tabuletas de Bronze

| XXXII | Nome: _____ Data: _____ |

As tabuletas votivas de bronze consagradas por Demetrius são difíceis de serem lidas. Abaixo está a transcrição. A tradução está na página 58 do livro do aluno.

Nas inscrições gregas, a letra sigma (Σ) é muitas vezes escrita como C.

Faça sua própria tabuleta votiva. Copie o desenho abaixo em uma cartolina. Escreva uma pequena mensagem de agradecimento, a lápis, com letras grandes e claras. Perfure as letras com a ponta de um compasso ou com uma agulha grossa. Pinte a tabuleta com tinta acrílica bronze nos dois lados.

Numerais

Nome: _____ Data: _____

Aqui estão os numerais de 1 a 10, em latim e em cinco línguas modernas que vieram do latim. Repare nas semalhanças entre eles. Pesquise um pouco e escreva esses numerais em outras seis línguas.

	Latim	Italiano	Francês	Espanhol	Português	Romeno
1	unus	uno	un	uno	um	un
2	duo	due	deux	dos	dois	doi
3	tres	tre	trois	tres	três	trei
4	quattuor	quattro	quatre	cuatro	quatro	patru
5	quinque	cinque	cinq	cinco	cinco	cinci
6	sex	sei	six	seis	seis	sase
7	septem	sette	sept	siete	sete	sapte
8	octo	otto	huit	ocho	oito	opt
9	novem	nove	neuf	nueve	nove	noua
10	decem	dieci	dix	diez	dez	zece
1						
2						
3						
4						
5						
6						
7						
8						
9						
10						

Jogo de Correspondências

Nome: _____ Data: _____

Recorte e embaralhe os quadrados a seguir. Tente combinar cada um dos números com o respectivo numeral em latim.

I	UNUS	VI	SEX
II	DUO	VII	SEPTEM
III	TRES	VIII	OCTO
IV	QUATTUOR	IX	NOVEM
V	QUINQUE	X	DECEM

Capítulo 9

Numerais Cardinais e Ordinais

Nome: _____ Data: _____

De quantas palavras em português você consegue se lembrar que são derivadas dos numerais cardinais ou ordinais em latim?

Numerais cardinais		Numerais ordinais	
1	**unus/ a/ um**	1º	**primus/ a/ um**
2	**duo/ duae/ duo**	2º	**secundus/ a/ um**
3	**tres/ tria**	3º	**tertius/ a/ um**
4	**quattuor**	4º	**quartus/ a/ um**
5	**quinque**	5º	**quintus/ a/ um**
6	**sex**	6º	**sextus/ a/ um**
7	**septem**	7º	**septimus/ a/ um**
8	**octo**	8º	**octavus/ a/ um**
9	**novem**	9º	**nonus/ a/ um**
10	**decem**	10º	**decimus/ a/ um**

Capítulo 9

Jogo da Memória

Nome: _____ Data: _____

XXXVI

rana	blatta	lacerta	elephantus	echīnus	sciurus
rana	blatta	lacerta	elephantus	echīnus	sciurus
vacca	talpa	gallīna	taurus	equus	ursus
vacca	talpa	gallīna	taurus	equus	ursus
vespa	balaena	sīmia	cuniculus	grillus	lupus
vespa	balaena	sīmia	cuniculus	grillus	lupus

Capítulo 9

Os Cartazes dos Escravos

| XXXVII | Nome: _____ Data: _____ |

Analise bem os quatro escravos que aparecem nas figuras abaixo e escreva um cartaz apropriado para cada um deles. Você deve mencionar a idade do escravo ou da escrava, sua origem, a língua ou as línguas que ele ou ela fala, suas habilidades e suas condições de saúde. Não se devem escrever seus nomes. Depois que você terminar de escrever os cartazes, discuta o preço relativo dos escravos. Que tipo de trabalho cada um deles deveria receber?

Capítulo 10

Palavras Derivadas dos Particípios Perfeitos

Nome: _____ Data: _____

Estes quatro particípios deram origem a um grande número de palavras em português. Utilize o dicionário para encontrar o maior número de palavras que você puder.

scriptus	**ductus**
missus	**positus**

Capítulo 10

O Juízo de Páris

Nome: _____ Data: _____

Três deusas (Hera, Atena e Afrodite) ofereceram recompensas a Páris para convencê-lo a escolher a si mesma como a mais bonita das três. Escreva sua própria versão das recompensas que cada uma delas ofereceu a ele.

Capítulo 10

Medidas Romanas

Nome: _____ Data: _____

Os romanos tinham estas medidas de comprimento: **unciae**, **pedes** (pés), **passus** (passos) e **milia passuum** (milhas). A uncia equivale, aproximadamente, a 2,5 cm. Cabiam 12 unciae em 1 pé. Cabiam 5 pedes em 1 passo. Cabiam 1000 passus em 1 milha.

Experimente estes exercícios de medição:

- Tire as medidas de diferentes objetos da sala de aula: sua mesa, o livro do Minimus, seu estojo, etc. Registre essas medições em unciae.

- O passo é pensado como a medida de uma passada bem esticada. Seu passo mede o mesmo que cinco vezes a medida de seu pé?

- Tire as medidas de objetos maiores ou de lugares grandes. Registre essas medições em pedes ou em passus.

Capítulo 11

A Groma

XLI Nome: _____ Data: _____

A groma era um instrumento romano que equivale ao moderno teodolito. Ela era usada para determinar linhas retas e ângulos retos. A groma consistia em um mastro vertical com uma ponta para fixá-lo no chão, um suporte que girava e duas hastes cruzadas em ângulos retos com ponteiras de chumbo penduradas nas pontas para se ter certeza de que a groma estava perfeitamente vertical. O engenheiro olhava ao longo dos braços da groma para marcar uma linha reta no chão.

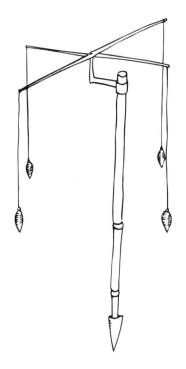

Para fazer um exemplar simplificado de uma groma, você vai precisar de:

- um mastro reto de madeira (por exemplo, um cabo de vassoura), com a ponta afiada;
- dois pedaços iguais de madeira, de mesmo tamanho;
- quatro pedaços iguais de corda;
- quatro pesos iguais.

Junte os dois pedaços de madeira em ângulos retos, de preferência sobrepondo um ao outro. Usando um prego grande, prenda essa montagem cruzada no mastro maior, fazendo um buraco primeiro para evitar que se soltem.

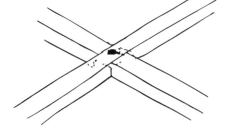

Amarre as cordas nas quatro pontas das hastes cruzadas e pendure os quatro pesos nas pontas das cordas, tomando cuidado para que todas as cordas tenham o mesmo comprimento.

Capítulo 11

Projeto de um Forte Romano

Nome: _____ Data: _____

Quase todos os fortes romanos foram construídos com base no mesmo desenho básico e nas mesmas indicações. O projeto abaixo mostra os elementos típicos de um forte romano. Pesquise na biblioteca ou na internet quais são as diferentes partes do forte e qual é a função de cada uma delas. Relacione corretamente os números aos nomes.

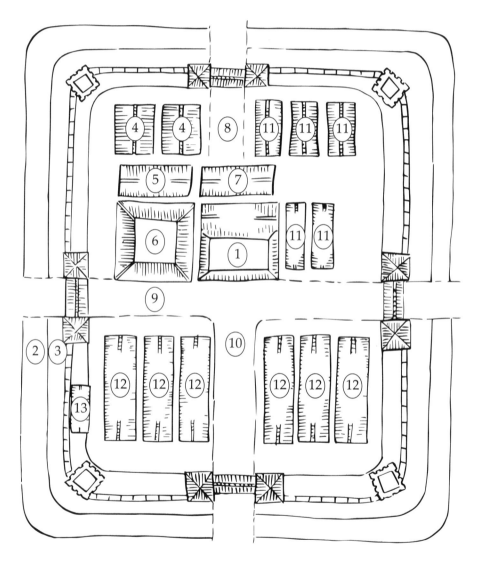

latrina	balnea	via Decumana	fossa
vallum	via Principalis	praetorium	
horrea	valetudinarium	principia	
officina	contubernia	via Praetoria	

Capítulo 11

Minimus e Minima

| XLIII | Nome: _____ Data: _____ |

Traduza as legendas e faça desenhos para elas!

❶	❷	❸
ecce Minimus!	ecce Minima!	Minimus Minimam spectat.

❹	❺	❻
Minima erubescit.*	Minima Minimum spectat.	Minima caseum portat.

❼	❽	❾
caseum Minima omittit!	Minimus Minimam adiuvat.	Minimus et Minima caseum consumunt.

* **erubescit** fica com vergonha

Capítulo 11

Monte o Leque de Pandora

| XLIV | Nome: _____ Data: _____ |

Você vai precisar de: duas folhas de papel A3 ou duas tiras de papel com, aproximadamente, 90 cm por 15 cm; fita adesiva; cola; dois pedaços finos de madeira ou duas alças de papelão grosso.

Corte o papel no meio do comprimento para fazer tiras longas e estreitas.

Marque a borda das tiras a intervalos de 2 cm. Com muito cuidado, vá dobrando o papel de acordo com as marcas, para fazer como que uma sanfona. É importante que as dobras estejam retas e paralelas.

Você vai precisar de 3 tiras sanfonadas. Cole as três tiras com fita adesiva, para fazer uma única tira sanfonada e longa.

As alças, de madeira ou papelão, devem ter entre 25 e 30 cm de comprimento. Cole uma alça em cada uma das pontas da tira sanfonada de papel.

Pressione juntas as alças na ponta, apertando as dobras. Você vai precisar colocar cola e fita adesiva na borda superior do leque de papel, para garantir que as dobras não irão se desfazer.

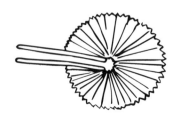

Quando a cola secar, separe as alças para abrir o leque.

Capítulo 12

Centauro

XLV Nome: _____ Data: _____

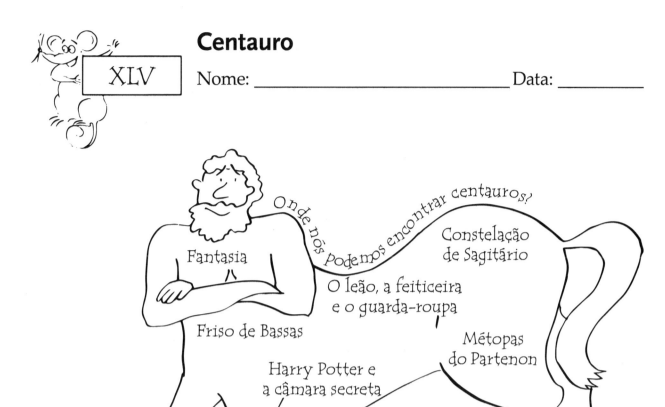

Escreva um acróstico sobre os centauros.

C _____
E _____
N _____
T _____
A _____
U _____
R _____
O _____

Capítulo 12

As Transformações de Tétis

| XLVI | Nome: _____ Data: _____ |

Na história de Peleu e Tétis, a deusa marinha se submetia a uma série de transformações na tentativa de escapar das garras de Peleu. Ela se transformava em fogo ou água, em um leão ou uma serpente e, finalmente, em uma lula gigante. A figura abaixo mostra a cena pintada em um vaso grego.

- Considere o desencontro entre Peleu e sua noiva relutante. Como ele teria se sentido tentando segurá-la mesmo transformada? Como ele poderia ter segurado Tétis? Escreva um poema, com versos que se alternam sobre a deusa marinha e sobre Peleu, para descrever a disputa.

- Conte a história de alguém que tem o poder de mudar sua própria forma.

- Procure mitos, fábulas ou contos populares que possuam a transformação como tema.

PALAVRAS PARA LEMBRAR

Capítulo 1

equus (m): cavalo
milites (m pl): soldados
pompa (f): desfile
appropinquare: aproximar-se
audire: escutar
vocare: chamar
laetus: feliz
optimus: excelente/ o melhor
subito: de repente
tum: então
ecce!: veja!/ olha!
eheu!: céus!
euge!: oba!/ nossa!
alii... alii...: alguns... outros...
ita vero: sim

Capítulo 2

arma (n pl): armas
bellum (n): guerra
cena (f): jantar
dea (f): deusa
imperator (m): imperador
legiones (f pl): legiões
mare (n): mar
aedificare: construir
habere: ter
superare: vencer
cur?: por quê?
quid?: o quê?
quis?: quem?
ubi?: onde?
quod: porque
sed: mas
nunc: agora
semper: sempre

Capítulo 3

via (f): estrada
advesperascit: está anoitecendo
pluit: está chovendo
tonat: está trovejando
celeriter: rapidamente
cotidie: todos os dias
iterum: outra vez
lente: lentamente
tandem: finalmente

Capítulo 4

amicus (m): amigo
amphorae (f pl): jarros
flumen (n): rio
frumentum (n): cereal
naves (f pl): navios
laborare: trabalhar
malus/ a/ um: ruim
maximus/ a/ um: muito grande

Capítulo 5

iuvenis (m): jovem
erat: ele / ela era / estava
intrare: entrar
revenire: voltar
facere: fazer, fabricar, construir
invenire: encontrar
tamen: no entanto, entretanto

Capítulo 6

cibus (m): comida
donum (n): presente
lectus (m): cama
liber (m): livro
fundere: despejar
profundere: derramar
lacrimare: chorar
hodie: hoje
pulcher/ pulchra/ pulchrum: bonito(a)

Capítulo 7

cubiculum (n): quarto
filia (f): filha
filius (m): filho
terra (f): terra, solo, chão
accipere: receber
adiuvare: ajudar
advenire: chegar
ponere: colocar
fortis/ forte: corajoso(a)
sub: sob, embaixo de

Capítulo 8

annus (m): ano
nauta (m): marinheiro
navis (f): navio
habitare: morar
legere: ler
navigare: navegar
scribere: escrever
sedere: estar / ficar sentado(a)
videre: ver
gratias agere: agradecer
fessus/ a/ um: cansado(a)
tutus/ a/ um: salvo(a)

Capítulo 9

dies (m): dia
gladius (m): espada
nomen (n): nome
villa (f): casa
abesse: estar ausente
adesse: estar presente
amare: amar
dare: dar
esse: ser, estar, existir, haver
petere: procurar
portare: carregar
posse: ser capaz de
venire: vir
fortasse: talvez
olim: uma vez (passado), um dia (futuro)
postridie: no dia seguinte

Capítulo 10

vita (f): vida
emere: comprar
festinare: apressar-se
missus: enviado
positus: colocado
traditus: entregue
vinctus: preso
melior/ melius: melhor
novus/ a/ um: novo(a)
solus/ a/ um: sozinho(a)

Capítulo 11

porta (f): portão
principia (n pl): quartel-general
bibere: beber
inspicere: inspecionar
servare: salvar
stare: estar de pé
invitus/ a/ um: de má vontade
parvus/ a/ um: pequeno(a)
vivus/ a/ um: vivo(a)

Capítulo 12

anulus (m): anel
liberta (f): livre
uxor (f): esposa
tradere: entregar
interea: enquanto isso
mecum: comigo

PALAVRAS PARA LEMBRAR